本书受国家社会科学基金项目资助(11BTJ003)
受兰州交通大学引进高层次人才科研启动经费资助

基于社会核算矩阵(SAM)的宏观统计数据质量问题研究

党玮 等著

JIYU SHEHUI HESUAN JUZHEN(SAM) DE
HONGGUAN TONGJI SHUJU ZHILIANG WENTI YANJIU

中国财经出版传媒集团
中国财政经济出版社

图书在版编目（CIP）数据

基于社会核算矩阵（SAM）的宏观统计数据质量问题研究/党玮等著．
—北京：中国财政经济出版社，2018.11
ISBN 978－7－5095－8582－5

Ⅰ.①基… Ⅱ.①党… Ⅲ.①宏观经济－经济统计－统计数据－数据管理－研究－中国 Ⅳ.①F222.33

中国版本图书馆 CIP 数据核字（2018）第 237942 号

责任编辑：张怡然　　　　责任校对：胡永立
封面设计：秦聪聪　　　　责任印制：张　健

中国财政经济出版社 出版

URL：http：//www.cfeac.com
E－mail：cfeac@ cfemg.cn

（版权所有　翻印必究）

社址：北京市海淀区阜成路甲 28 号　邮政编码：100142
营销中心电话：010－88191522
天猫网店：中国财政经济出版社旗舰店
网址：http：//zgczjjcbs.tmall.com
北京财经印刷厂印刷　各地新华书店经销
787×1092 毫米　16 开　14 印张　250 000 字
2018 年 11 月第 1 版　2018 年 11 月北京第 1 次印刷
定价：42.00 元
ISBN 978－7－5095－8582－5
（图书出现印装问题，本社负责调换）
本社质量投诉电话：010－88190744
打击盗版举报热线：010－88191661　QQ：2242791300

前　言

现阶段，统计数据质量引起了社会的广泛关注，统计数据质量的高低，关系到各类市场经济主体的切身经济利益，也关系到政府的管理水平、公信力和权威性。如何提高统计数据质量是当前学者及政府统计实践部门亟须研究和解决的问题。社会核算矩阵（Social Accouting Matrix，简称 SAM）编制过程是纵览和校验社会经济各类数据的过程，为一个国家或地区各类宏观统计资料的整合、校准及质量评估提供可能。本书基于 SAM，对宏观统计数据质量问题进行理论探讨和研究；在此基础上，结合 2012 年我国宏观 SAM 结果编制，利用统计数据质量评估体系和现行的统计数据质量评估方法，实证评估我国宏观统计数据质量问题，并提出提高我国统计数据质量的对策建议。

第一，界定了主要包括准确性、相关性、及时性、一致性、可获得性、可解释性和可信度等基本特征指标的统计数据质量的含义。

第二，系统梳理了国内外统计数据质量评估方法体系，基于 SAM 提出统计数据质量评估方法。国内外统计数据质量评估方法主要有误差评估法、逻辑性评估法、异常值评估法、多维评估法等。基于 SAM 基本原理，提出 SAM 能呈现 SNA 的重要信息，SAM 编制过程为统计数据质量评估提供了可能，编制结果为宏观经济统计数据质量评估提供数据集。

第三，研究国民经济核算与 SAM 的关系及其宏观统计数据质量评估问题。在分析国民经济核算与 SAM 关系的基础上，从理论上研究 IO 表、SNA 账户及其他国民经济核算资料与 SAM 账户数值的转化问题，提出了宏观统计数据质量评估的思路和方法。

第四，在 SAM 编制过程中研究宏观统计数据质量评估方法。首先，从 SAM 编制方法和编制过程出发，研究了宏观统计数据质量评估方法；其次，提出统计数据质量评估原则；再次，把 SAM 各账户用复式记账来表示，在搜集、整合各类统计数据的过程中，研究统计数据质量评估方法；然后，分别从税收政策、价格处理、数据口径等方面对宏观统计数据质量进行评估；最后，利用 SAM 账户平衡的 RAS 法和 CE 法，对宏观统计数据质量评估进行理论研究。

第五，构建了基于 SAM 的等量核算和账户平衡宏观统计数据质量评估体系。提出了统计数据质量评估体系指导思想和指导原则，并基于 SAM 构建了等量核算和账户平衡宏观统计数据质量评估体系。

第六，编制 2012 年中国宏观 SAM，并基于 SAM 数据集，实证评估中国宏观统计数据质量。首先，基于 2012 年中国 SAM，利用等量核算和账户平衡统计数据质量评估指标体系对中国宏观统计数据质量进行评估；其次，选择重要的宏观经济变量，利用层次分析方法（AHP）、K-S 法、匹配法、Benford 法则、模糊评价法对我国宏观经济重要统计数据进行质量评估。

第七，提出了提高我国宏观统计数据质量的对策建议。

全书共分 8 章。第 1 章，绪论；第 2 章，统计数据质量评估方法及基于 SAM 评估的新视角；第 3 章，基于国民经济核算的 SAM 及其宏观统计数据质量评估；第 4 章，基于 SAM 编制过程的宏观统计数据质量评估；第 5 章，基于 SAM 的宏观统计数据质量评估体系；第 6 章，基于 SAM 的我国宏观统计数据质量评估；第 7 章，提高宏观统计数据质量的对策建议；第 8 章为研究结论。

目 录

第1章 绪 论 ·· 1
  1.1 问题的提出 ··· 1
  1.2 我国宏观统计数据质量存在的问题 ·································· 3
     1.2.1 宏观统计数据失真 ··· 4
     1.2.2 宏观统计数据口径不一致 ····································· 6
     1.2.3 宏观统计数据适用性不强 ····································· 7
  1.3 统计数据质量概念概述 ·· 9
     1.3.1 不同视角下对统计数据质量内涵的理解 ·················· 10
     1.3.2 整合视角下对统计数据质量内涵的理解 ·················· 12
  1.4 统计数据质量研究述评 ·· 13
     1.4.1 国外的研究 ·· 13
     1.4.2 国内的研究 ·· 15
     1.4.3 国内外研究简评 ·· 19
  1.5 研究思路和方法 ·· 20
     1.5.1 研究思路 ··· 20
     1.5.2 研究方法 ··· 20
  1.6 成果创新点 ··· 21

第2章 统计数据质量评估方法及基于 SAM 评估的新视角 ············ 23
  2.1 统计数据质量评估方法 ·· 23

  2.1.1 误差评估法 ………………………………………… 23
  2.1.2 逻辑性评估方法 ……………………………………… 25
  2.1.3 异常值评估方法 ……………………………………… 28
  2.1.4 核算数据重估法 ……………………………………… 30
  2.1.5 多维评估法 …………………………………………… 32
 2.2 基于 SAM 的宏观统计数据质量评估 ……………………… 40
  2.2.1 SAM 的基本原理 …………………………………… 40
  2.2.2 基于 SAM 的宏观统计数据质量评估视角 ………… 43

第 3 章 基于国民经济核算的 SAM 及其宏观统计数据质量评估 **46**
 3.1 国民经济核算与 SAM 的关系 …………………………… 46
  3.1.1 国民经济核算及其账户表示 ………………………… 46
  3.1.2 SAM 经济核算的理论基础 ………………………… 54
  3.1.3 基于国民经济核算的 SAM 表式结构及
     总量平衡关系 ………………………………………… 55
 3.2 国民经济核算资料与 SAM 的关系及其
  宏观统计数据质量评估 …………………………………… 60
  3.2.1 IO 表与 SAM 之间的关系及其数据质量评估 …… 61
  3.2.2 SNA 账户与 SAM 之间的关系及
     转化中的数据质量评估 ……………………………… 66
  3.2.3 其他核算资料在 SAM 中的数据质量评估 ……… 71

第 4 章 基于 SAM 编制过程的宏观统计数据质量评估 **73**
 4.1 基于 SAM 构建的宏观统计数据质量评估 ……………… 73
  4.1.1 SAM 构建方法中的统计数据质量评估 …………… 73
  4.1.2 SAM 构建过程中的宏观统计数据质量评估 ……… 75
 4.2 基于 SAM 账户复式记账的宏观统计数据质量评估 …… 77
  4.2.1 统计数据质量评估的基本原则 ……………………… 77
  4.2.2 总体账户及结构设计 ………………………………… 78

4.2.3　宏观SAM的账户数值来源及其数据质量评估 …………… 80
4.3　编制过程中的"问题型"辅助评估方法 ……………………… 91
　　　4.3.1　税收政策差异问题 …………………………………… 92
　　　4.3.2　价格处理问题 ………………………………………… 92
　　　4.3.3　账户数据口径问题 …………………………………… 93
　　　4.3.4　交易类型的划分问题 ………………………………… 95
　　　4.3.5　矩阵可逆问题 ………………………………………… 95
4.4　基于SAM账户平衡技术的宏观统计数据质量评估 ………… 96
　　　4.4.1　RAS法数据质量评估 ………………………………… 96
　　　4.4.2　CE法数据质量评估 …………………………………… 99
　　　4.4.3　统计数据质量评估的RAS法与CE法应用选择 …… 100

第5章　基于SAM的宏观统计数据质量评估体系 …………… 102

5.1　评估的指导思想和基本原则 …………………………………… 102
　　　5.1.1　评估的指导思想 ……………………………………… 102
　　　5.1.2　评估的基本原则 ……………………………………… 103
5.2　基于SAM的宏观统计数据质量评估体系构建 ……………… 104
　　　5.2.1　等量核算评估体系 …………………………………… 104
　　　5.2.2　账户平衡评估体系 …………………………………… 107

第6章　基于SAM的我国宏观统计数据质量评估 …………… 111

6.1　2012年中国SAM编制及统计数据质量实证评估 …………… 111
　　　6.1.1　宏观SAM的编制 …………………………………… 112
　　　6.1.2　细化SAM的编制 …………………………………… 116
　　　6.1.3　宏观统计数据质量实证评估 ………………………… 119
6.2　我国重要宏观统计数据质量评估 ……………………………… 125
　　　6.2.1　AHP法在宏观经济统计数据质量评估体系
　　　　　　构建中的应用 ………………………………………… 125
　　　6.2.2　K-S法在宏观统计数据质量准确性评估中的应用 …… 133

6.2.3　匹配法在宏观统计数据质量可信度评估中的应用 …… 137
　　6.2.4　Benford 法则在宏观统计数据质量可信度
　　　　　评估中的应用 …………………………………………… 144
　　6.2.5　模糊综合评价法在宏观统计数据质量
　　　　　总体评估中的应用 ……………………………………… 151

第 7 章　提高宏观统计数据质量的对策建议 …………………… 156
7.1　推动编制 SAM，提升整体宏观统计数据质量 …………… 156
　　7.1.1　加强 SAM 编制理论和方法研究 ……………………… 156
　　7.1.2　国家统计部门编制和公布 SAM，保证
　　　　　SAM 的权威性 …………………………………………… 157
　　7.1.3　在 SAM 框架下，检验和评估统计数据质量 ………… 157
7.2　建立宏观统计数据质量评估框架 …………………………… 158
　　7.2.1　推动我国宏观统计数据质量评估与国际接轨 ……… 158
　　7.2.2　基于 SAM 建立国家宏观统计数据质量保证框架 …… 159
7.3　进一步推进政府统计改革 …………………………………… 160
　　7.3.1　完善统计管理体制 …………………………………… 160
　　7.3.2　加强政府统计的协调性 ……………………………… 161
　　7.3.3　完善统计数据发布制度 ……………………………… 162
　　7.3.4　夯实基层统计基础建设 ……………………………… 163
　　7.3.5　发挥统计法规的作用 ………………………………… 163

第 8 章　结　论 ……………………………………………………… 165

参考文献 ……………………………………………………………… 168

附　录 ………………………………………………………………… 175
　　附录 1　2012 年中国投入产出表部门分类及代码 ……………… 175
　　附录 2　2012 年中国投入产出基本流量表（8 部门）…………… 179

附录3　2012年中国宏观SAM（35×35） …………………… 182
附录4　2012年中国SAM细化表（65×65） ………………… 188
附录5　宏观统计数据质量调查问卷 ………………………… 212

后　　记 ……………………………………………………… **214**

第1章 绪 论

1.1 问题的提出

随着大数据时代的到来,统计应用日益广泛,统计数据已经成为一种非常重要的生产要素,备受政府、企事业单位和社会公众的关注。政府宏观管理部门为了国民经济管理和实施有效的宏观调控,需要依据准确、及时、全面的统计数据制定科学的社会经济发展战略;企事业单位为了提高管理水平,社会公众为了自身利益的需要,对统计数据的需求也在不断增加。现阶段,统计数据质量引起了社会的广泛关注,统计数据质量的高低,关系到各类市场经济主体的切身经济利益,也关系到政府的管理水平、公信力和权威性。

首先,统计数据质量关系到国家宏观经济管理的有效性。为保持国民经济持续、稳定、健康发展,根据经济发展所处的阶段,国家通常采用法律手段、经济政策、计划指导、行政手段对经济进行宏观管理。国民经济统计资料是国家进行宏观经济调控的依据,而统计数据质量的高低,直接决定着国家宏观调控方向。2008年国际金融危机爆发后,根据国民经济统计数据可以判断出国内外市场需求持续低迷,钢铁、煤炭行业产能过剩,房地产库存较多,企业生产经营成本不断上升。中央在综合分析世界经济周期和我国发展阶段性特征及其相互作用的基础上,2015年中央经济工作会议提出认识经济发展的新常态,要在适度扩大总需求的同时,积极推进供给侧结构性改革,今后经济工作的重点主要抓"去产能、去库存、去杠杆、降成本、补短板",即"三去一降一补"五大任务。如果统计数据质量存在问题,国家制定的宏观经济调控政策便缺乏现实依据,宏观经济管理的有效性就得不到保障,给社会发展和经济运行带来严重的后果。

其次,统计数据质量关系到市场经济各类经济主体的切身利益。以企业、投资者、经营者、劳动者以及消费者为主的市场经济主体,在经济活动中不仅仅是满足社会需求,更以追求自身利益最大化为目标。各类市场参与者要想保护好切身利益,必须要以全面、及时、准确的统计数据为基础,才能事先对市场机遇或市场风险做出准确预测,采取适当措施,在市场中获取最大化利益或者避免自身的利益受到损失。

第三,统计数据质量关系到政府统计部门的公信力和权威性。作为生产要素的统计信息,是决策层制定政策、经济研究者分析问题的基础,是微观市场主体决策的依据。统计工作活动过程中所取得的反映社会经济现象的统计资料,其准确性、及时性、一致性是各类经济主体对统计工作的基本要求。近年来,政府统计数据受到社会公众的质疑,一些统计数据与社会公众的感受差异较大,不同核算方法或相关部门公布同类统计数据"打架"现象明显,统计数据失真现象时有发生。出现这些现象的主要原因是:影响政府统计数据质量的统计体制因素依然存在,统计方法有待改进,政府统计数据缺乏第三方认证和全面质量管理体系、社会公众在对数据认识上有差异。对我国统计数据质量进行科学的诊断,探讨科学的统计数据质量管理理论方法,在一定的程度上消除社会各界对政府统计数据质量的质疑,能够提高政府整体对内、对外的公信力和权威性。

第四,大数据时代对统计数据质量提出了更高的要求。随着信息爆炸产生海量数据的大数据时代来临,大数据开启了一次重大的时代转型,大数据带来的信息风暴正在影响着社会公众的生活、工作和思维。对政府统计而言，在大数据时代，统计数据"不要抽样而要全体"[1]，传统的统计数据收集、整理的方法有待适应大数据时代利用信息技术整合各种来源海量、多样性、高速、易变性的数据要求，这对政府统计数据的生产方式产生了很大的影响和挑战。对于不同来源的数据，单独使用的时候很难发现问题，而一旦这些数据被整合，数据之间存在的问题就很容易暴露出来，从而对统计数据质量提出了更高的要求。

在此背景下，如何进一步提高我国的统计数据质量，是当前理论研究和实际工作部门亟待解决的重要课题。国民收入与生产核算、投入产出核算、社会核算矩阵（Social Accounting Matrix，简称SAM）是国际上通行的反映整个经济状况的三种核算框架。SAM全面描述了特定时期社会经济状况的全貌，是研究社会和经济政策的有力工具，SAM的编制为各类统计资料的整合与校准提供了可能。收集、组织和整合各类统计信息的SAM编制过程是加强专业统计数据之间、专业统计与国民经济核算数据之间、政府综合统计与部门统计数据之间、国家统计与地区统计数据之间的协调过程，对保证统计数据在源头上的准确性具有重要的实践意义；基于SAM构建的宏观统计数据可靠性质量评价体系也给政府统计部门及其数据需求者提供甄别、校验宏观统计数据质量的方法。

本书在对统计数据质量的评估方法进行系统梳理与分析的基础上，从核算模式或核算框架入手，基于SAM对宏观统计数据质量问题进行理论和实践评估研究，具有重要的理论和现实意义。

1.2 我国宏观统计数据质量存在的问题

随着我国自身统计能力建设不断加强，政府统计部门在提高统计数

---

[1] 参见（英）维克托·迈尔-舍恩伯格、肯尼思·库克耶：《大数据时代》，盛扬燕、周涛译，浙江人民出版社，2013。

据质量方面取得了一定的成绩，并制定了一系列措施加强对统计数据质量的监督。但也要注意到，不管是和国际相比，还是与统计数据使用者日益增长的需求相比，我国宏观统计数据质量还存在着很多亟须改进的方面。

1.2.1 宏观统计数据失真

统计数据失真是由多方面因素造成的，如不切实际地制定社会经济发展的高指标，为了局部利益，个别人利用手中的权力制造数据腐败，也存在政府监督机制不健全等原因。统计数据人为的弄虚作假造成数据失真，这是当前统计数据质量问题最为突出的一方面。目前，许多地方还是以数据作为考核政府政绩的硬指标，当考核涉及地方利益、局部集体或个人利益时，统计数据虚报浮夸的现象发生，这样就产生了统计数据失真。统计数据失真不但给宏观决策提供了错误参考，也极大地削弱了各级政府的公信力，导致政府决策受到民众的质疑，从而直接影响政府决策的执行力。

最为典型的数据失真问题是中央与地方公布的 GDP 数据的不一致。我国从实施 GDP 统计与公布制度以来，中央公布的 GDP 与各地方发布的 GDP 之和一直存在较大差异。从理论上来讲，一个国家的 GDP 与各个地方 GDP 之和应当是大体一致的。2002 年以来，我国各地方 GDP 之和与国家公布的 GDP 之间的差异是不断加大，而不是缩小的。2002 年地方汇总 GDP 和中央 GDP 之间的差额绝对值为 178.63 亿元，差额率是中央公布的 GDP 的 0.15%。2003 年，地方与中央的两个 GDP 之间的差额绝对值为 3427.78 亿元，差额率为 0.15%。而 2004 年后的四年，地方公布的 GDP 之和分别超过国家公布的 GDP 的 4.60%、6.78%、7.65% 和 8.82%。到了 2008 年，情况变得越来越坏，地方公布的 GDP 总和超出国家发布的 GDP 数额，增大到了 70306.00 亿元，高出当年国家公布的 GDP 的 18.95%。近几年来这种趋势还在继续，2009 年各个省份 GDP 之和超出全国总量 GDP，超出达 2.69 万亿元；而 2010 年各个省份 GDP 之和超出全国总量高达 3.4 万亿元；2011 年各个省份 GDP 之和超出全国 GDP 总量又再创新高，超出了 4.5 万亿元；2012

年各个省份 GDP 之和又一次超出全国 GDP 总量，高达 5.75 万亿元；2013 年国内 31 个省份的 GDP 总和约为 63 万亿元，超出全国 GDP 总量，两者之差达近年来最高点，为 6.1 万亿元。

地方政府 GDP 之和与国家 GDP 之间为什么会产生如此大的差额呢？依据我国现行的国民经济核算法则，中央与地方是分级、分开核算各自的 GDP 的，国家统计局是根据各省市的基础数据，进而独立核算 GDP 数据，而不是对地方 GDP 数据进行加权相加后再汇总核算。当然从另一个方面来看，由于跨地区的经济经营活动等问题的存在，地方 GDP 的汇总数与国家统计局的核算数有一些出入是比较常见的，但地方 GDP 数据总和偏高很多的情况就很不正常了。以数据政绩来考核的大环境压力下，少数地方存在 GDP 攀比的不良风气，其结果是造成一些地方的某些经济指标定得过高，这样层层效仿下去，势必导致 GDP 数值层层加码。例如，中央提出 7% 左右的 GDP 预期增长目标，到了县里就层层加码到了百分之十几，从而导致地方 GDP 之和与国家 GDP 之间存在着越来越大的差距。

GDP 差距越来越大的具体的原因有：

第一，跨地区的经济经营活动在统计核算时的地区归属问题。在核算地区生产总值时，各个地区都是把第一产业、第二产业以及第三产业的生产总值，减掉中间成本之后，再进行增加值核算而最终得来的。在这个过程中没有一个相对较好的方法用来决定某个跨地区的生产经济活动增加值的归属问题，由此导致跨地区的生产经营活动出现重复计算。

第二，各地区价格差异所致。各地区之间商品价格的差异，也会致使各个地区 GDP 汇总和全国核算的 GDP 有差异。

第三，有些统计指标的标准在各省份与国家之间的差异明显。例如，就覆盖面最宽的第三产业，地区层面的统计工作往往会做得比较完整，而国家层面的统计工作则存在较多相对不完善的方面。而对于个体户及部分小型的建筑行业更是无法做到全面的、系统的统计，原因是在统计难度及统计资料来源方面差异本身也比较大。

另外，还有一个较为重要的原因是有个别地方政府官员为了追求高的政绩，在 GDP 核算时出现了违规行为。2013 年 6 月，国家统计局在官方网站上公开了广东省中山市横栏镇在数据统计上的弄虚作假的行为。此篇报道指出，该镇大部分工业企业的统计数据都是当地政府工作人员在办公室里胡编乱造得出来的，然后把这里的虚假数据填写进企业调查报表后再上报。依据相关报道，估计这个镇的工业统计数据有将近 63 亿元的虚假水分。

这些违背数据统计规律的做法，必然会造成政府统计数据失真，影响政府统计数据质量。其他宏观经济数据也有类似数据失真的现象，如制造业采购经理指数（PMI）、信贷数据也存在数据失真情况。2009 年 4 月，中国 PMI 数字为 50% 以上，这表明经济出现了扩张趋势，与当时的经济形势有较大出入。而在 2006 年的第三季度也出现过用（发）电量与工业增加值的背离现象。2006 年前三季度，全国 GDP 以及工业增速都已下滑，但发电量的增长量却增加了 0.5 个百分点。

1.2.2 宏观统计数据口径不一致

目前我国统计指标体系存在很多不足，比如在许多宏观统计指标的口径上存在核算不统一的情况，统计调查范围出现较多遗漏的地方，所列出来的项目资料的收集也不完全，从而不适合统计数据完整性的要求。如果取得的数据不是很完整，就不可能表现出研究对象的全貌，同时也不可能准确认识宏观经济现象的总体特征，最终也就很难对客观的现象做出较精确的判断，甚至有时可能会得出错误的结论，同时也使民众对政府统计数据质量产生误解。数出多门也是我国统计数据质量不高、容易引起公众质疑的一个重要因素。政府综合统计和部门统计之间常常会出现同一指标在不同的部门有多个统计数据，造成了信息混乱，直接影响了数据信息决策的准确性和权威性。

举例子来说，城镇非私营单位在岗职工工资的统计对象普遍包括了国有单位、城镇集体单位以及港澳台投资经济单位等行业就业人员的全部，但是个体户就业人员与自由职业者等就业人员却没有统计在此范围内。所以按照国家的法定标准，平均工资应该分为私营和非私营两种才更合理。通常来说，各地区统计时都应该以此为标杆，可是有些地方却将私营和非私营工资收入数据统一为在岗职工工资，这就导致了收入统计口径的不一致。如在对 2011 年城镇非私营单位在岗职工的年均收入数据进行统计时，从统计年鉴里可知，北京、上海与广州的年均收入数据分别为 65682.3 元、71875.5 元以及 54494.2 元。但这个统计结果却与其他部门公布的 2011 年城镇单位在岗职工平均工资的排名相差较大，公布中的排名是：广州以 57472 元居首；而北京以 56062 元排名第二；南京则以 54714 元排名第三，杭州排名第四，为 54409 元；上海排名第五，为 51967 元。这也是统计口径多样化导致的结果。其差异可用表 1-1 表示。

表 1-1　　　　收入数据三城市排名差异（2011 年）

地区	统计年鉴中在岗职工平均工资排名	其他部门在岗职工平均工资排名
北京	2	2
上海	1	3
广州	3	1

城镇登记失业率数据也有类似问题。如中国社会科学院在 2009 年年初时公布的调查报告中表明 2008 年的调查失业率达到 9.3%，但是人力资源和社会保障部发布的该年城镇登记失业率却只为 4.2%。人保部解释说明其发布的失业率数据为城镇登记失业率，而社科院公布的失业率为调查失业率数据。人保部称当前全国农民工总数大概有 2.2 亿人，加上当年高校应届毕业生人数大约 611 万人，再算上往年毕业但尚未就业的毕业生还有将近 100 万人，可是这些人大都没有纳入城镇登记失业率统计中去，因此出现两部门对失业率的统计口径不一样的情况。

1.2.3　宏观统计数据适用性不强

政府统计部门公布的数据的详细程度尚不能令用户满意，统计部门对公开的统计方法、统计标准及统计数据质量的具体细节解释得不够完备，特别是对一些重要统计数据的误差率、可靠程度的解析以及质量评估的具体操作程序做得还不够充足，对于偏差数据修订办法的说明也不够充分，还有一些重要统计数据的调查与核算方法没有公开，或者公开力度不是很大。所有这些都加剧了社会各界对统计数据来源的不了解，进而更容易使人们产生许多怀疑，最终使得统计数据的适用性不强。另外，普通公众获取政府统计数据的渠道不畅，获取成本较高，这也是不容忽视的问题。

政府统计数据是政府统计工作提供的产品，它也是一种商品。像其他商品一样，也必须迎合市场的要求做到"适销对路"，才能实现统计数据的有用性与适用性的统一。目前，政府统计机构还没有形成政府统计数据也是公共产品的观念，在公共产品的开发及生产过程中没有从用户的需求角度出发，而是自己有什么原始资料就生产什么产品。这样做的结果往往是，由于统计数据不符合用户的要求，想要的统计数字基本找不到，而能够取得的统计数字却没有多大用处。因此，政府统计数据的适用性不强成为新形势下统计数据质量较低的又一主要表现。

举例来说，房地产价格指数（HPI）是反映某一时期内房地产市场价格的变化趋势以及变化程度的宏观指标，HPI能够比较好地评估房地产市场变化趋势。随着房价的不断攀升，国内的HPI也越来越受到民众的关注。但由于某些原因，数据的适用性不强。第一，样本数据的收集主要依靠房地产企业自己填报，真实性和准确性都难以得到保证；第二，目前普遍采用的是70个大中城市房地产价格指数，可是这70个城市代表性不足，如遵义、大理等西部城市的选择科学性不够，掩盖了地域差异，很难反映房价的实际情形；第三，只采取了简单加权平均来计算，而同比和环比指数、特征价格法、重复交易法等综合的计算方法未得到广泛运用，所以此指数准确性不够；第四，此指数没有考虑到房屋质量等指标特征随时间变化对它的影响，同质化处理不足，商品异质性（如商品房、经济适用房、办公房的区别）会引起HPI较大的偏差，对此考虑得较少。故用HPI反映房价走势也存在一定的偏差。

21世纪以来，房价指数和房价走势多数时期是相互背离的，社会各界对此怀疑的声音从没有停止过,这也从侧面反映了这一指数越来越不适应实际了。这些质疑主要来自两个方面:一是 HPI 数据和人们的直观感受背离严重。有几个城市的房价上涨比较快,但房价指数显示为持平或下降,出现与实际不相符的现象。二是数据虽然没有严重背离,也能感受到显然与事实情况是不符的。

通过对 2000 年 1 月至 2013 年 12 月全国 70 个大中城市的房价指数进行分析和观察,可以发现最严峻的与现实不符情况发生于 2011 年年底至 2012 年年初。以北京为例,2011 年年底至次年 3 月,房价涨了 2 至 3 倍,但从全国 70 个大中城市的住宅指数中的北京住宅价格指数可以看出,北京房价从 2011 年年初的 5.8% 陆续下降至年底的 1.4%,2012 年再继续下落,2012 年 1 月是 0.5%,2 月为 0,而 3 月则开始同比呈现负增长的态势,从 -0.7% 一直持续到 12 月的 -0.04%(具体数据见表 1-2)。这样的统计结果实在令人无法信服,从中也可以看出统计数据的适用性不强,故完善我国的房价指数体系显得尤为必要。

表 1-2　　　　北京住宅价格涨幅(2011 年 12 月 ~ 2012 年 3 月)

涨幅数据	涨幅(环比)
2011 年 12 月	1.4%
2012 年 1 月	0.5%
2012 年 2 月	0
2012 年 3 月	-0.7%

1.3　统计数据质量概念概述

国内外机构和学者一般把统计误差的大小作为判断统计数据质量高低的标准。统计误差越小,数据的准确性越高,统计数据质量也就越高。20 世纪 80 年代前,数据的准确性是国内外统计界普遍接受的统计数据质量内涵。在一定的概率保证下，广泛应用抽样技术等数理统计理论，研究如何缩小抽样误差、控制和提高统计数据质量。随着用户对统计数据的需求不断增加，准确性已不是判断统计数据质量的唯一标准，从及时满足用户的需求程度等多维度、综合性的角度理解统计数据质量内涵，成为统计界对统计数据质量评价的重要内容和依据。

1.3.1 不同视角下对统计数据质量内涵的理解

世界各国或国际组织根据自身的理解和实践，对统计数据质量内涵的理解和概念界定不尽相同（见表1-3）。国际货币基金组织（IMF）统计部从保证诚信、方法健全性、准确性和可靠性、适用性、可获得性五个方面界定统计数据质量。保证诚信是统计数据收集、整理和公布中坚持的职业道德标准，包括专业化、透明度高的结构性设计。方法健全性指遵守国际通则，实现要素的定义、概念、范围、分类、记录的标准化。准确性和可靠性反映社会经济现象统计产品的数据准确和可靠，强调源数据的来源及相应的处理技术说明，主要包括源数据、评估源数据、统计技术、中间数据和统计产出、数据修正。适用性指统计数据应按期公布，主要数据之间应保持一致，包括数据公布频率和及时性、一致性、修正方法三个方面。可获得性包括数据的可获得性、数据解释的可获得性、满足用户的需求。

表1-3　部分国际组织或国外统计部门对统计数据质量的理解

国家/国际组织	关于统计数据质量构成维度的理解
国际货币基金组织（IMF）	保证诚信、方法健全性、准确性和可靠性、适用性、可获得性
欧盟统计局（Eurostat）	相关性、准确性、及时性和准时性、可获得性和明确性、可比性、一致性
联合国粮食及农业组织（FAO）	相关性、准确性、及时性和准时性、可获得性和明确性、可比性、一致性和完整性、源数据的完备性
经济合作与发展组织（OECD）	相关性、准确性、可信性、及时性、可获得性、可解释性、一致性

续表

国家/国际组织	关于统计数据质量构成维度的理解
美国	可比性、准确性、适用性
瑞典	内容、准确性、及时性、可获得性/可解释性、可比性/一致性
新西兰	相关性、准确性、及时性、一致性、可解读性
加拿大	相关性、准确性、及时性、可获得性、可解释性、一致性
澳大利亚	制度环境、相关性、准确性、及时性、可获得性、可解释性、一致性
荷兰	相关性、准确性、及时性、有效性、减轻被调查者负担
韩国	相关性、准确性、及时性、可获得性、可比性、有效性
数据质量评估框架（DQAF）	前提条件、诚信、方法的健全性、准确性和可靠性、适用性、可获得性
数据公布通用系统（GDDS）	数据、质量、完整性、公众的可获得性

注：资料来源于向蓉美："国家统计数据质量研究述评"，《政府统计数据质量研讨会论文集》，2010年。

由表1-3可以看出，主要国际组织或统计机构对统计数据质量的定义不同，但主要共性有：一是从准确性的角度描述统计数据质量客观真实性；二是从满足统计数据用户需求的角度衡量统计数据质量，强调用户对统计数据的可获取性和满足程度；三是多角度、多方面构建统计数据质量维度的综合性内涵，强调统计数据的及时性、可比性、可获取性、完整性、客观性、有效性、经济性、可解释性、保密性、简便性等统计数据质量的维度。

从统计数据生产者、提供者、使用者的视角理解统计数据质量的维度可以看出，统计数据质量的概念属性是相对的，而不是绝对的，见表1-4。

表1-4　　　　　　　不同视角的统计数据质量维度

视角	质量维度
使用者	准确性、及时性、适用性、可比性、可获得性、完整性
生产者	客观性、有效性、经济性、可解释性
提供者	保密性、简便性

1.3.2 整合视角下对统计数据质量内涵的理解

我国统计界对统计数据质量的内涵理解和国外统计学界有一定的差异。界定统计数据质量概念时,应该从全面性的角度出发,借鉴国内外的研究成果,从而准确理解和把握统计数据质量这一内涵丰富的概念。

解析与借鉴现有的关于统计数据质量概念的每种解释,同时结合现阶段我国统计工作的现状、统计工作要与国际接轨的时代背景,在这里,界定统计数据质量的含义主要包括准确性、相关性、及时性、一致性、可获得性、可解释性和可信度等基本特征指标。各种特征的含义和要求如下:

1.3.2.1 准确性

准确性是指统计指标的统计值与相对应的实际情况的统计指标真实值之间的靠拢程度。一般可以用估计量的均方误差来衡量这个指标,通常均方误差越大,准确性越差,而均方误差越小,准确性越高。

1.3.2.2 相关性

相关性是指生产出的统计数据和数据产品的使用者所需要的统计数据之间的相关程度,或通俗地说是指所要的统计数据是否满足有关数据使用用户的要求。这里所说的要求有两个方面:一是数据用户使用者所需要的统计指标数据有多大可能上被生产出来了;二是所生产出来的统计数据在指标定义、构成要素以及分类等方面与用户需求相吻合的程度有多大。

1.3.2.3 及时性

及时性是指所发布的统计指标数据首次公布时间对其所描述的社会经济现象真实发生时间的滞后程度,一般用公布时间和所属时间的时间间隔长度等来衡量。

1.3.2.4 一致性

一致性是指从多种渠道(比如不同的时间、不同的地点或不同的收集方法）得来的统计指标数据及构成成分在指标含义、指标范围等特征方面的一致性程度。

1.3.2.5 可获得性

可获得性是指数据使用者取得统计数据及有关辅助信息的难易程度。它包含两个方面的含义：一是取得统计数据本身的难易程度；二是使用者获取有关统计信息咨询服务的难易程度。

1.3.2.6 可解释性

可解释性是指数据用户正确理解和应用统计数据的相关辅助信息与源数据等的公开程度。

1.3.2.7 可信度

可信度就是人们对政府统计数据可以信赖的程度，是根据数理统计理论或经验对有关数据或整个政府统计数据为真的相信程度。

上述各个指标特征并不是互相独立的，有些指标特征之间存在着相互制衡的关系。例如准确性和及时性，它们就是互相制衡的。但只要正确把握好它们之间的度，就能最大限度地在实现及时性的同时，不使准确性下降。

在以上各指标特征中，本书认为，准确性、可信度是目前政府统计数据最受人们关注的质量特征，是最为关键的数据质量特征指标。如果统计数据质量没有准确性，统计数据就没有价值，但如果准确性的可信度不高，准确性的把握程度就无从谈起。

1.4 统计数据质量研究述评

1.4.1 国外的研究

国外对于统计数据质量的研究一般分为以下三个阶段：第一阶段（20

世纪初至 20 世纪三四十年代），这一阶段的国外研究主要围绕着统计数据质量的准确性、样本的代表性等方面进行；第二阶段（20 世纪 50 年代至 70 年代），这一阶段的国外研究是针对统计调查误差模型的构建而展开的；第三阶段（20 世纪 70 年代至今），这段时间以来统计数据质量的内涵不断扩大，对统计数据质量的研究主要围绕如何建立有效的数据质量保证和控制以及评估体系展开。

国外研究的主要代表人物有：20 世纪 60 年代 M. H. Hansen 与 W. N. Hurwitz 等第一次构建了较全面的调查误差模型，为统计调查过程中误差的控制、评定打下了较坚实的理论基础。同时期最典型的是 S. L. Warner 提出了对数据敏感性问题调查的随机化方法。Gordon Braekstone（1999）相继提出了度量统计数据质量的六个维度，包括准确性、及时性、相关性、可取得性、可解释性以及一致性。Lee Dongmyeong 和 Shon Aelee（2000）等人先后提出了统计数据质量评价指标的体系以及如何改进政府统计数据质量的具体方法措施。Karl Anton Froeschl 以及 Wilfried Grossmann（2002）指出了统计数据全面质量管理体系的可行框架，将统计数据质量的各影响维度和统计数据的生产过程一一对应起来。国际货币基金组织（IMF）为提高各成员国的统计数据质量，先后发布了数据公布标准（SDDS）、数据公布通用系统（GDDS）和数据质量评估框架（DQAF）等一系列国际评价标准，这些标准对成员国的统计数据的生产、发布与数据质量的定性评估等方面都提供了方法上的指导与规定。

目前，世界上对统计数据质量的研究一般表现出三个变化趋势：一是数据质量的概念已经从狭义方向往广义方向发展，西方多国学者在原有基础上逐渐提出了多维的、立体全方位的数据质量的概念；二是结合数据分布的指导标准，统计的国际化趋势更为明显；三是建立健全了一整套完全的、统一的政府统计数据质量评估以及控制体系，逐渐成了世界各国政府和各相关国际组织改进与提高统计数据质量、强化统计数据质量管理以及控制的共同意识。

1.4.2 国内的研究

国内学者在统计数据质量方面也有较多的研究，其中多数研究是在借鉴国外先进的、已有的研究成果基础上进行的，再结合我国特殊的政治经济体制以及特殊的国情，着重从健全统计法律制度和完善统计工作的合理程序等方面进行相关研究。比较而言，国内学者在对各级统计数据质量的研究方面相对不足。

1.4.2.1 对统计数据质量的研究阶段和主要观点

国内对于统计数据质量的研究主要分为三个阶段：

第一阶段：中华人民共和国成立前。这一时期由于受到西方先进思想文化的影响，统计工作借鉴了许多西方统计的先进理论，但是由于当时中国的经济和技术都很落后，统计数据质量的整体概念还不够充实和完善，在引进西方统计方法和理论方面，如抽样调查的方法使用以及物价指数的运用等方面，还处于初步介绍和推广的初期阶段。

第二阶段：中华人民共和国成立初至改革开放前。这时期的研究主要围绕统计数据质量误差研究和如何能更准确、及时地提供全面统计报表等方面。相关研究主要集中在实验数据测量误差、测量误差的统计分布和检验、随机误差、系统误差等方面，相反对抽样误差和非抽样误差的研究相对较少。

第三阶段：改革开放至今。改革开放以后，我国的经济与技术水平都有了显著的提高，随着经济社会对统计数据质量的要求越来越高，在统计数据质量的研究方面也有了较大的发展。相关的研究主要在于探索如何提高政府统计的技术方法，尤其是强调要引进、借鉴和吸收国外关于统计数据的评估和控制管理的先进方法及理论，在统计数据质量控制方面也取得了较大进展，对数据的造假问题进行了一些专门研究。

研究学者的观点主要有：李金昌（1998）提出统计数据质量的内涵包括准确性、完整性、及时性、简便性、有用性五个方面；张芳（2003）提出统计数据质量的衡量指标有相关性、及时性、准确性、有效性、可比性、可取得性、可衔接性和可理解性等；郭江（2005）提出应从内容质量、表述质量和约束标准等几个方面综合评价政府统计数据质量；朱建平等（2006）则从数据采集过程、数据处理过程、数据发布过程所涉及的几个方面提出构建我国政府统计数据质量评价系统；傅德印（2001）根据质量管理国际标准ISO9000，将政府统计数据质量控制与统计的组织管理工作结合在一起，从而建立了含有控制技术体系以及质量保证体系在内的政府统计数据质量管理综合理论体系；金勇进（2004）通过对统计数据产生的全过程中收报双方行为的博弈理论分析，提出了源于这一博弈分析的统计监督，来实现对统计工作中各种虚报瞒报等统计违法行为的控制及管理；曾五一（2009）提出要借鉴国外的全面质量管理方法和理论，先后分析了影响统计数据质量的各个制约因素，并指出了怎样从统计设计、统计调查、统计数据整理分析、统计数据发表、统计数据的开发和应用等多个方面来加强统计数据质量管理以及管控。

1.4.2.2 关于统计数据质量评估的研究

1. 统计数据质量的逻辑关系验证评估法

逻辑关系验证法是指依据政府统计指标系统中每一个统计指标之间已经存在的包含、恒等以及相关等的逻辑关系，对统计数据指标的可信度指标进行检验，从而判断数据质量的好坏。此种评估分析方法又分为比较逻辑检验法和相关逻辑检验法。利用这种方法，孟连和王小鲁（1999）实证分析了多种价格指数、货运增长率指标、电力和能源增长率等指标与 GDP 增长率数据之间的逻辑关系，进而得到了 1996～1998 年我国 GDP 指数有比较大的虚增假象；高敏雪（2001）以政府统计数据为依据，计算出 1997～2000 年我国 GDP 实际增长了 24.7%，但与一般逻辑不符的是，这一时期能源消耗量反而下降了 12.8%，这一不合逻辑的关系使作者对中国 GDP 增长率产生了质疑。

2. 统计数据质量的计量模型评估法

建立计量经济模型的评估分析法是指以构建计量经济模型为基础，对相关指标的数据质量进行评估与诊断。目前，运用于统计数据质量评估的计量经济模型一般分为下列四种：传统回归模型、面板数据模型、经典时序模型和其他的计量模型，其中其他的计量模型包括自回归分布滞后模式、曲线回归模式、误差修正模式、向量自回归模式与联立方程模式等。在这些领域研究的学者非常多，例如董丽娅（2007）的观点是从来自总体的调查数据近似服从对数正态分布入手，进而对相关统计数据进行实证研究，再用 K-S 检验法、χ^2 检验法对变换之后的数据进行检验。

3. 统计数据质量的核算数据重估评估法

核算数据重估法是从统计数据核算方面评估某个给定的统计数据指标，对相关数据指标质量进行较为准确估算的一类估计方法。这个评估方法是对逻辑关系检验法的拓展。核算数据重估法具体包括如下方法：偏差修正重估法、物量指数重估法以及价格指数重估法等。使用这种方法的文献有：许宪春（2000）运用市场房租估算的方法以及成本估算的方法，重新估算居民住房服务的增加值，修正了其对现有价格的影响；任若恩（2011）利用农副产品收购价格指数、消费者价格指数和工业生产者价格指数，计算出以不变价格代表的 GDP 总量以及其各部分增加值，从而计算出 GDP 实际增长率。

4. 统计数据质量的统计分布检验评估法

从理论上来说，统计数据总体中的个体单位的标志值通常会服从于总体统计函数的分布，对每个个体的标志值进行统计分布的检验，从而判断出各个个体的标志值是否可信。采用此评估方法的有成邦文（2013）等学者，他们研究了一些统计数据指标（如产量等）会近似服从对数正态分布，通过对数正态分布的检验以及异常值判别的办法，对统计数据的整体质量或异常点进行检查和识别。

5. 统计数据质量的调查误差评估法

统计数据质量的可信度评估本质上来说是对统计数据中所涵盖的误差大小的评估，这类误差最初一般表现为统计调查的误差。统计调查的误差一般分成抽样误差和非抽样误差。按照随机原则从总体中抽取样本时，由所抽到的样本得到的样本指标 x 与总体指标 μ 之间偏差，称为抽样误差。对于非抽样误差，通常采用间接评估和事后审查的方法。杨清（2000）从调查误差的方面对数据质量进行了相关研究，认为统计数据与客观经济现象的数量指标之间的现实差距问题是统计数据质量问题的关键。误差是所有的统计数据都不可避免的，如何正确理解与把握统计误差的含义，对提高统计人员认识统计的水平、掌握统计数据的质量表达标准、判别统计数据的真假和正确利用统计数据都有着很重要的现实和理论意义。

6. 统计数据质量的多维评估法

统计数据质量的内涵经历了从一维向多维方向全面发展的过程，相应的是政府统计数据质量的评估法也从一维的准确性评估向多维的全面性评估方向发展。目前，统计数据多维评估主要有多维多级测量法、用户满意度调查法及质量指标法等。余根钱（2008）从调查能力、数据搜集、调查方法、数据分布和数据处理等方面，全过程地分析探讨了政府统计数据质量的主要内容。

1.4.2.3 关于统计数据质量研究的最新进展

2009 年以来，统计数据质量问题受到社会各界越来越多的关注，曾任国家统计局局长的马建堂在多次讲话和调研中都强调了统计数据质量的重要性，指出统计工作的关键是统计数据，而提高统计数据质量的任务任重而道远。国家统计局相继采取了一系列具体措施来提高统计数据质量，《统计研究》杂志陆续刊发多篇有关统计数据质量的文章，从不同角度对统计数据质量问题进行了广泛讨论。李金昌（2009）以统计数据质量为分析着力点，论述了统计数据质量和国家统计安全、统计法制等之间的相互关系，且对如何实现统计法治的方案进行了假设和探讨。刘清海、熊祖辕（2009）则运用博弈理论的分析方法，解析了声誉资本大小、报假收益、失信惩戒力度和监督力度等因素是引起统计数据失真的重要原因，最后证明了引入统计信用系统，在控制的成本下能预防统计数据失真。金勇进、陶然（2012）则通过对改革开放以来国内统计数据质量的理论研究和实践研究的综合归纳，总结了近 30 年以来有关统计数据质量的研究理论体系和实践研究，并分析了可能存在的问题及面临的挑战。贺建风、刘建平（2010）也对改革开放以来国内统计调查系统的发展进行了总结与思考，找出了因为统计调查体系中多种调查方法相互脱钩，使得调查数据往往出现自相矛盾的情况。例如，政府统计调查组织体系的不融合会导致出现重复调查、数出多门的现象。统计执法的监督能力不强、数据本身抗干扰性差也是我国统计数据屡遭质疑的原因，文章又从统计调查体系的改革角度出发，提出如何提高统计数据质量的一些对策建议。2010年上半年国家统计局在《"十二五"时期统计发展和改革规划纲要》中明确提出，把建设以"企业一套表"为中心的统计"四大工程"作为推进"十二五"全国统计建设和发展的重大抓手。刘建民（2012）、田野（2011）等对统计"四大工程"建设与提高统计数据质量以及数据质量控制体系进行了研究，对统计数据质量的影响作了较深入的分析。"四大工程"建设必将推进国内统计工作尽快统一规范、公开透明与开拓创新，统计工作将因此变得更为科学规范，统计数据质量将会得到更多的有力保障。

1.4.3　国内外研究简评

综上所述，国际上对统计数据质量的研究表现出以下三个发展态势：一是提出了多维的、较全面的统计数据质量概念，数据质量的内涵不断从狭义向广义方向延伸；二是国际上多国政府统计部门都在遵照执行数据公布通用系统（GDDS）等国际标准，从数据的范围、频率和及时性等方面有效地提高了统计数据质量；三是各国政府与各主要国际组织达成共识，旨在通过建立一套全面的、系统的统计数据质量评估与管理体系来提高统计数据质量。

国内对统计数据质量的研究则主要围绕引起统计失真问题的原因等方面，没有抓住主要矛盾，使得数据质量问题没有得到较好的解决，其结果是导致统计数据质量问题的治标不治本。而在统计数据质量评估的研究方面，大部分研究都集中在单项指标数据质量的评价，对构建综合的、全面的质量评价体系研究较少；在对数据质量管理的研究中，缺乏综合的、全面的和可操作性强的质量评估与管理体系。

从现有的研究来看，对统计数据质量的评估研究还存在很多要强化的地方。首先在评估内容方面，对统计数据质量内涵的理解仍显狭隘，基本局限于对全国的统计数据进行准确性评估，对于统计数据的相关性、及时性、一致性、可获得性、可解释性和可信度等指标评估较少；其次在评估方法方面，评估多采用统计系统内部自我检查的方式，评估实践与方法研究未能有机结合。鉴于此，研究统计数据质量评估，特别是宏观统计数据质量评估，已经极具迫切性。

1.5 研究思路和方法

1.5.1 研究思路

本书从核算模式、核算框架入手，以宏观统计数据质量为主线，以 SAM 账户平衡为原则，在宏观 SAM 的编制过程中检验和评估统计数据质量。首先，系统梳理了国内外统计数据质量评估方法体系，基于 SAM 提出统计数据质量评估方法；其次，研究国民经济核算与 SAM 的关系及宏观统计数据质量评估问题；再次，编制 2012 年中国宏观 SAM，并基于 SAM 数据集和国民经济核算资料，利用现行的层次分析方法（AHP）、K-S 法、匹配法、Benford 法则、模糊评价法对我国宏观经济重要统计数据进行准确性、可信度和多维度统计数据质量评估；最后，提出提高宏观统计数据质量的对策建议。

1.5.2 研究方法

1.5.2.1 国民经济核算方法

国民经济核算方法是按照一套符合国际惯例的概念、定义、分类和规则设计的核算方法体系，对国民经济进行统一核算，形成一套逻辑严密、协调一致而完整的数据体系。本书在遵守国民经济核算方法的基础上，研究国民经济核算与 SAM 的关系及宏观统计数据质量评估问题，并基于 SAM 各账户构建评估体系。国民经济核算方法贯穿于本书研究的始终。

1.5.2.2 现代统计推断与计量分析技术

SAM 编制中,利用现代统计推断方法对部分账户数值进行估计和推断;在宏观统计数据质量实证评估中,利用现代计量分析方法(AHP 法、K-S 法、匹配法、Benford 法则及模糊评价法)对我国宏观统计数据质量进行准确性和可信度评估。

1.5.2.3 系统分析法

从系统的观点出发,把经济数据视为经济系统这个多维空间中的点,运用 SAM 矩阵表式结构蕴含的收入与支出平衡,即行和(总收入)与列和(总支出)相等的内在机理,对宏观统计数据质量进行评估。

1.5.2.4 比较研究法

系统梳理和比较研究国内外统计数据质量评估方法体系,在具体评估中国宏观统计数据质量时,横向比较和纵向比较相结合,以横向比较为主。

1.6 成果创新点

成果主要创新点有四点:

第一,基于 SAM 研究宏观统计数据质量问题,研究视角具有创新性。国内外学者在统计数据质量方面进行了大量的研究,取得了一定的研究成果,但从社会核算矩阵(SAM)的视角研究统计数据质量问题还是一片空白,因此研究视角具有创新性。

第二,填补了国内基于 SAM 评估宏观统计数据质量的理论与方法。从核算模式、核算框架入手,在 SAM 编制过程中,首次系统研究总结了宏观统计数据质量评估的基础理论和方法,包括基于 SAM 构建方法及过程、复式记账、账户平衡技术等宏观统计数据质量评估的理论与方法。

第三，基于 SAM 提出了宏观统计数据可靠性质量评估体系，包括等量核算评估指标体系和账户平衡评估指标体系。

第四，基于 SAM 数据集和国民经济核算资料，利用现行的 AHP 法、K－S 法、匹配法、Benford 法则、模糊评价法对我国宏观经济重要统计数据进行准确性、可信度和多维度统计数据质量评估。

第 2 章　统计数据质量评估方法及基于 SAM 评估的新视角

对统计数据的使用者而言，最关键的一点是统计数据是否能满足自身的需求，这要求用一定的逻辑和技术手段评估统计数据质量。统计数据质量的内涵不断地由一维向多维发展，统计数据质量评估也随之由一维质量评估向多维质量评估发展。从统计数据质量内涵可以看出，统计数据的准确性是统计数据的使用者最为关注和评估的重点，也是数据质量管理的重点。从核算模式的角度看，SAM 的构建为各类宏观统计数据的归纳和整合提供了一个框架，而且账户平衡的内在机理还可以检验数据的一致性，并帮助查找和调整宏观统计数据之间可能存在的矛盾，有效评估统计数据的准确性。

2.1　统计数据质量评估方法

2.1.1　误差评估法

宏观统计数据准确性在一定的程度上说是不存在的，因此，准确性是相对的，而不是绝对的。因此，统计数据的准确性可以用精确度来度量，这也是数据生产者追求的目标。对统计数据的准确性评估也就是精确度评估，而统计数据与客观实际值之差的统计误差,是统计数据准确性评估的关键。因此,从统计误差的角度对数据质量进行的评估,是统计数据质量评估与控制的核心。

从数据生产过程来看,统计调查过程中的抽样误差和非抽样误差是误差的两种主要类型。由于按照随机原则从总体中抽取的样本,由样本统计量推断总体参数的过程中,抽样误差是不可避免的。只要设计出具体样本统计量,就能计算相应统计调查估计量的统计误差。

2.1.1.1 抽样误差评估

记 Y_i 为随机样本的初始调查数据,假设 X_i 为调查数据的真实值,e_i 表示调查数据在第 i 个样本单元上存在的误差,即:

$$e_i = Y_i - X_i, i = 1, 2, \cdots, n \tag{2.1}$$

式中,n 是样本容量。

于是,可估计调查统计量中包含的统计误差,其误差的估计可表示为:

$$\hat{T}_\varepsilon = \sum_{i=1}^{n} \omega_i e_i = \sum_{i=1}^{n} \omega_i (Y_i - X_i) = Y - \sum_{i=1}^{n} \omega_i X_i \tag{2.2}$$

式中,$\hat{T}_\varepsilon$ 为调查统计量中误差估计量;ω_i 为质量抽查的抽样权重。

当给定的显著性水平 α,统计误差估计量 $\hat{T}_\varepsilon$ 的估计标准误差记为 $\hat{\sigma}_{\hat{T}_\varepsilon}$,则调查统计量中允许的误差限度可设定为:

$$\delta = t_{1-\alpha/2} \cdot \hat{\sigma}_{\hat{T}_\varepsilon} \tag{2.3}$$

式中,$t_{1-\alpha/2}$ 是 t 分布的 $\alpha/2$ 上分位数。

进而根据(2.2)式和(2.3)式,对统计量的准确性进行评估。评估准则是:若 $|\hat{T}_\varepsilon > \delta|$,则认为调查统计量中存在比较严重的统计调查误差。

2.1.1.2 非抽样误差评估

非抽样误差是指除了抽样误差以外的所有误差来源。通常采用事后质量抽查法来测定非抽样误差。一般地,在第一次抽样调查的基础上,再组织一次抽样调查,将两次调查获得的样本数据进行对比,估计出初始调查中所含误差的大小,通常采用双系统估计方法和以事后质量抽查资料为准的估计方法。

双系统估计方法用于对总体单元数的估计,如许多国家的人口普查均通过事后抽样调查,使用事后分层双系统估计方法,得到评估人口普查数据误差大小的标准——全国人口"真实估计"。以事后质量抽查人口普查为例,双系统估计法根据普查与事后质量抽查数据的匹配情况(见表2-1),估计普查中的人口漏登率误差和真实的人口数。

表2-1　　普查与事后质量抽查的结果匹配情况表

人口普查		事后质量抽查		总计
		已登记	未登记	
人口普查	已登记	N_{11}	N_{12}	$N_{1.}$
	未登记	N_{21}	N_{22}	$N_{2.}$
总计		$N_{.1}$	$N_{.2}$	N

假设普查与事后质量抽查之间相互独立,对人口总体中的总体单位——每一个人来说,事后调查不会受到是否已在普查中登记的影响,视普查中的人口覆盖率为事后质量抽查结果中与普查结果相匹配的人口比率,即$N_{11}/N_{.1}$。于是,得出真实人口数的估计量如下:

$$\hat{N} = N_{1.} \times \frac{N_{.1}}{N_{11}} \quad (2.4)$$

同样地,人口漏登率可以看作是事后质量抽查结果中未能与普查结果相匹配的人口比率,即$N_{21}/N_{.1}$。基于这一比率,在给定允许的漏登率限度δ后[①],可评估人口普查的数据质量。

2.1.2　逻辑性评估方法

在统计指标体系中,统计指标之间往往存在一定的逻辑关系,包括包含、恒等以及高度相关等。逻辑性评估方法以指标之间的逻辑关系为判断标

---

① 国际上通常认为,一国人口普查的漏登率控制在3%以内,其数据质量相对较好。

准，对集中在一起的有关统计数据，如统计局公布的统计指标数据和各行业部门公布的统计指标数据，从逻辑关系的角度检验数据之间是否平衡或符合逻辑关系，如财政部公布的年度预算执行情况和国家统计局统计的财政数据是否平衡，各部门决算之和是否等于决算总数的逻辑关系，对数据进行准确性检验和评估。逻辑性评估方法按照评估的不同逻辑关系，可分为比较逻辑检验法和相关逻辑检验法。

2.1.2.1 比较逻辑检验法

比较逻辑检验法依据的逻辑关系是单向包含或者恒等关系，通常这种单向包含或者恒等关系是由于统计指标之间在指标含义、统计方法或计算口径等方面的联系或区别而形成，适用于整体与部分之间关系的基本经济理论。

例如，社会总产出应该大于 GDP，三次产业中的任一产业的增加值应该小于 GDP，支出法 GDP 应该为政府和居民的最终消费、固定资本消耗、净出口之和，净出口应该等于出口与进口之差，各地区 GDP 增长率的加权平均应该等于全国 GDP 增长率。

例如，X 和 Y 为两个同度量的统计指标，上述用于比较逻辑检验法形成的单向包含或恒等的逻辑关系用公式表示如下：

$$X \begin{Bmatrix} > \\ < \\ = \end{Bmatrix} Y \text{ 或 } f(X) \begin{Bmatrix} > \\ < \\ = \end{Bmatrix} f(Y) \tag{2.5}$$

在实际评估时，比较逻辑检验法根据（2.5）式形成的关系，通过检验比较统计指标 X 与 Y 之间是否平衡或符合逻辑，从总体上评估具有逻辑关系的各项统计数据的质量。

2.1.2.2 相关逻辑检验法

相关逻辑检验法所依据的逻辑关系是统计指标之间的高度相关。统计指标之间统计上的高度相关是由客观社会经济现象自身属性紧密联系所决定的，在特定的条件下，体现为相互依存、相互依赖、相互制约。如在一定的条件下,财政收入占 GDP 的比重、三次产业增加值之间的比例、现金流占广义货币的比重在通常状况下比较稳定;而粮食的产量与施肥量,产品的产量与耗电量、工人数量之间高度相关,且同方向变化。当然,条件发生了变化,如完全智能化的社会,产品产量与工人数量之间的相关性就不是很显著了。

根据高度相关关系的具体表现形式,相关逻辑检验法分为两种:相关比率法和趋势相关法。

1. 相关比率法

依据总量指标计算的相对指标,其比率或比例关系比较稳定或在特定范围之内取值,构成了相关比率法的评估依据。设 Y 为待评估的总量指标,X 为与其高度相关的总量指标,K 为历史数据计算得到的普遍认可的经验比率或比例,则该方法的评判标准如下:

$$\frac{Y}{X} \approx K \tag{2.6}$$

在实际评估中,预先设定允许的误差限度 δ,如果 $\left|\frac{Y}{X} - K\right| > \delta$,在假定作为评估基准的总量指标 X 足够准确的条件下,可以认为总量指标 Y 存在准确性问题,需根据具体情况做进一步核查与分析;否则,认为总量指标 Y 不存在准确性数据质量问题。

2. 趋势相关法

若干有联系的总量指标,如果一个总量指标发生变化,另一个有联系的总量指标随之同向或反向变动,其增加或减少幅度大致相等,构成了趋势相关法的评估依据。例如,铁路运输量增长率与 GDP 增长率之间、通货膨胀率与失业率之间应保持同向且大致相同的幅度。设 Y 为待评估总量指标,X 为另一个与其高度相关的总量指标,记:

$$\dot{Y}_t = \frac{\Delta Y_t}{Y_t} = \frac{Y_t - Y_{t-1}}{Y_t}, \dot{X}_t = \frac{\Delta X_t}{X_t} = \frac{X_t - X_{t-1}}{X_t}, t = 2, 3, \cdots, T \tag{2.7}$$

若指标 Y 与指标 X 之间呈现正相关关系,则该评估方法的评判标准为:

$$\dot{Y} \approx \dot{X} \tag{2.8}$$

实际评估中，事先给定允许误差限度 δ，如果 $|\dot{Y}-\dot{X}|>\delta$，则在评估基准的指标 X 准确的条件下，判断出待评估总量指标 Y 存在准确性质量问题；否则，认为指标 Y 不存在准确性质量问题。

若指标 Y 与指标 X 存在负相关关系，则该评估方法的评判标准为：

$$\dot{Y} \approx -\dot{X} \qquad (2.9)$$

实际评估中，事先给定允许误差限度 δ，如果 $|\dot{Y}+\dot{X}|>\delta$，则认为指标 Y 存在准确性质量问题；否则，认为指标 Y 不存在准确性质量问题。

可以直接按（2.8）式或（2.9）式，评估总量指标 Y 的增长率情况。

2.1.3 异常值评估方法

在总体单位数据集中，异常值是指与众不同的离群值或极端值。如果采用异常值进行统计分析，由于异常值对模型的统计量有极大的影响力，则会使分析结果不准确，故在分析之前，需要对数据集中的异常值进行诊断和处理。

异常值产生的原因主要有两方面：一是由客观的因素造成，如某个因素的出现，总体分布会突然变化，就会使异常值落在总体分布的单侧或双侧 α 分位点以外；二是由主观的因素造成人为的因素，如在调查过程中，被调查人员瞒报、虚报数据，调查人员由于疏忽抄错或算错数据等。因此，对影响统计数据质量的异常值进行识别，是统计数据质量检验和评估的重要内容。对异常值评估的统计方法可分为三种：基于统计分布的异常值检验方法、基于探索性数据分析的异常值检验方法和基于时间序列分析的异常值检验方法。

2.1.3.1 基于统计分布的异常值检验

假定给定的统计数据服从某个分布（如正态分布、I 型极值分布、Γ 分布等），就可以采用统计检验方法来识别异常点。以数据服从正态分布为例，在小样本条件下，用三倍标准差法，即 3S 法进行异常值检验。

设 $x_1, x_2, \cdots, x_n$ 是来自正态总体 $N(\mu, \sigma^2)$ 的一个样本，则样本均

第 2 章 统计数据质量评估方法及基于 SAM 评估的新视角

值为 $\bar{x}$,样本方差为:

$$S^2 = \frac{1}{n-1} \sum_{i=1}^{n} (x_i - \bar{x})^2$$

$$记 \Delta_i = |x_i - \bar{x}| \tag{2.10}$$

若以 x_i 计算的相应的 $\Delta_i > 3S$,由 3S 法原则,将 x_i 判定为异常值。

基于统计分布的异常值检验法也有其应用的局限性。一是数据使用者若事先并不知道已知数据的分布,就不能从已知分布出发来进行异常值检验;二是一维或二维的低维数据分布已知,但是在高维的情况下,估计数据的分布一般不容易实现。因此,必须事先知道统计数据的分布特征,才能计算相应的统计量,这也是该方法应用的主要局限。

2.1.3.2 基于探索性数据分析的异常值检验

探索性数据分析技术分成两个阶段:探索阶段和证实阶段。在不破坏原始数据中其他数据的前提下,探索性数据分析通过分离出数据的模式和特点,用茎叶图法、箱线图法、编码表、悬浮式直方图、字母值法等详细考察一组数据,选出没有用处的数据或异常数据,以此作为判断数据质量的依据。

探索性数据分析方法易于理解,也不需要过多数学计算,但展示数据中包含信息量大,且极端值能直观地显示出来,易于为基层人员接受,适合于汇总阶段的数据质量探索和特定条件下对统计技术水平要求比较低的情形,当然这种方法也适用宏观统计数据质量评估。

2.1.3.3 基于时间序列的异常值分析

时间序列分析中异常值出现的形式多样,在一个描述性模型中,我们可以对异常值进行识别和定义。时间序列异常值可分为两类:加性的异常值(Additive outlier,简称 AO)和更新的异常值(Inno-vation outlier,简称 IO)。在时间序列中出现的 AO 只影响一个观察值,AO 在时间序列中的表现为偏大或者偏小,但经过这一点后,整个时间序列又恢复到正常的序列;而 IO 会连续影响时间序列中的若干个数据点。如果某个时期或时点,由于某个异常点的出现,导致时间序列的永久性变化,则这个异常值称为均值漂移异常值（Level shift outlier，简称 LS）。暂时性变更异常值（Temporary change outlier，简称 TC）介于 LS、IO 和 AO 之间，在某时刻发生以后，TC 干扰的效应会随着时间的变化而递减消失。时间序列中的异常值可能与各种外部冲击有关，也可能与统计数据质量问题有关。

异常值出现的确切时间和如何决定异常值的类型是时间序列进行异常分析最大的困难。由于多个异常点识别的联合估计诊断方法，其统计性能良好及抗干扰性强，在大多数情况下可以实现对异常点的正确识别。李子奈、周健（2005）主要采用这种方法分析中国 36 个宏观经济时间序列的结构变化，研究结果表明，我国的宏观经济统计数据异常点在 10% 以上，且异常点以聚集成堆的形式出现，异常点之间存在相关关系，以聚集成堆的形式出现且存在相关关系的异常点是我国宏观经济时间序列的主要特征。通过对异常数据出现的社会经济背景分析，发现各种历史因素和自然因素、政策变化等外部冲击是我国经济时间序列异常点的出现的主要原因，据此判断我国宏观经济时间序列中出现的异常数据基本真实。

历史数据不存在系统性偏误是应用基于时间序列的异常值检验法的前提条件，其缺点是运用这种方法会遗漏时间序列中的一些异常数据。

2.1.4 核算数据重估法

被评估指标都有其相应的核算方法，包括指标含义、核算口径及计算方法等，从核算的角度对指标数值重新进行评估，利用已知要素，分析数据在核算过程存在的问题，并依据估算的结果对已核算估计量进行检验，是对特定统计指标进行统计数据质量评估的重要方法。

核算数据重估法评估的基本思路：首先，从统计核算规范或方法的视角出发研究待评估统计指标，分析其在核算实践过程中存在的具体问题，并对待评估统计指标展开详细的分析；其次，利用现有资料，根据具体的分析结果，运用规范的方法，重新估计待评估统计指标数值；第三，重新估计待评指标后就会得到新的指标数值，并以此为参照标准，对没有评估的统计指标数据进行准确性质量评估。如何重新估计待评估是运用该类评估方法开展统计数据质量评估的关键。

在统计界，GDP 水平数据和增长率数据的准确性通常用核算数据重估法。核算数据重估法主要有三个：价格指数重估法、偏差修正重估法以及物量指数重估法。

2.1.4.1 价格指数重估法

价格指数缩减法是国民经济核算体系（SNA）中物量核算规范方法，价格指数重估法是价格指数缩减法的应用，宏观经济总量指标 GDP 及其增长率的数据质量准确性评估通常应用这种方法。以重新评估 GDP 增长率为例，GDP 价格指数重估法的基本做法：首先，从 GDP 核算角度出发，将现价 GDP 按照产业结构或产品使用进行分解，如从三次产业角度入手，将 GDP 分解为现价的第一、二、三产业的增加值之和；从产品使用角度入手，将 GDP 分解为消费、投资、进口及出口等项目之和①。其次，充分利用已有资料，重新编制价格指数，按现价对每一构成项目的取值进行缩减，从而得出各个组成项目的不变价值。第三，按不变价取值，汇总各个构成项目，从而得出不变价 GDP。最后，以相邻年份的不变价和已经缩减 GDP 进行对比，得出相应的 GDP 增长率数据。以上各个具体步骤依次用公式表示如下：

$$GDP^{t\cdot t} = \sum_1^k V_i^{t\cdot t} \tag{2.11}$$

$$V_i^{0\cdot t} = \frac{V_i^{t\cdot t}}{P_i^t} \tag{2.12}$$

$$GDP^{0\cdot t} = \sum_1^k V_i^{0\cdot t} \tag{2.13}$$

$$rGDP^t = GDP^{0\cdot t} \div GDP^{0\cdot(t-1)} - 1 \tag{2.14}$$

（2.11）式至（2.14）式中，$GDP^{t\cdot t}$ 为第 t 期的现价 GDP，$GDP^{0\cdot t}$ 为以基期价格计算的第 t 期的不变价 GDP，V_i 为 GDP 的第 i 个构成项目，P_i^t 为第 t 期

---

① 其中，进口由于是提供产品给本国消费者使用，因而是 GDP 的一个负的构成项目。

的对应于第 i 个 GDP 构成项目的价格指数，$rGDP^t$ 为第 t 期 GDP 的环比增长率。

2.1.4.2 偏差修正重估法

偏差修正重估法是对待评价指标核算结果进行偏差修正，评估现价 GDP 及其组成项目水平数据的准确性时通常采用偏差修正重估法。其具体做法是：利用核算规范与核算实践，有目的性地对比分析现价 GDP 的初始值，加上在核算过程中漏掉了的增加值，减去重复统计的增加值，对增加值进行相应的调整。如果可获取资料不足，在实际评估中偏差修正重估法重新估计现价 GDP 的做法是：分析核算实践中存在的具体问题，根据专家意见，选择某种核算方法，计算出一些替代数据，用替代数据来修正现价 GDP。

2.1.4.3 物量指数重估法

物量指数外推法是 SNA 中关于物量核算的规范方法，物量指数重估法是物量指数外推法的应用。其具体做法是：待评估统计指标由各个实物产量为基础元素构成，通常运用拉氏或帕氏指数理论，计算各个基础元素的实物综合增长率，并以此作为待评估统计指标的实际增长率，一般用来评估工业、建筑业、农业等行业增长率数据的准确性。

2.1.5 多维评估法

作为统计实践活动成果的产品，统计数据质量内涵的核心特征是准确性。随着市场经济的发展，统计数据是否能满足用户的需求成为数据生产者和提供者必须要考虑的因素，故统计数据质量的内涵向多维性发展，统计数据质量评估也由一维评估向多维评估延伸。多维质量评估的基础是广义的数据质量内涵，从数据质量的准确性、及时性、可获取性等多个构成维度入手，采用多维的评估法对统计数据的质量进行评估。目前，根据评估主体角度的不同，统计数据质量多维评估方法分为基于生产者角度的多维评估方法、基于管理者角度的多维评估方法以及基于用户角度的多维评估方法三个类别①。指标集测评方法、标准与规范遵守报告方法（ROSC – DM② 法）以及数据质量综合评价方法是各类方法中的最典型评估方法。

2.1.5.1 指标集测评方法

基于其数据质量定义，欧洲统计系统（ESS）开发多维质量评估方法——指标集测评方法，包括质量指标集和调查负责人自我评估清单。

质量指标集是针对数据质量的各个维度，设计若干质量评估指标，包括核心指标、辅助指标以及需要进一步试验的指标三类指标（见表2 – 2），涵盖了欧盟定义的6个维度的数据质量，数据生产者利用三类指标分析随时间变化的某一领域数据的质量和比较不同专业领域的数据质量，从而数据使用者得到统计数据质量的相关信息，达到对统计数据的全面质量评估。

表 2 – 2 ESS 的标准质量指标集

测度的质量维度	质量指标	指标类别
相关性	用户满意度指数	3
	可获得的统计数据比率	1
准确性	变异系数	1
	加权（或不加权）单位回答率	2
	加权（或不加权）项目回答率	2
	推算比率/比例	2
	过度覆盖率/错误分类率	2
	地域覆盖不足比例	1
	数据平均修订幅度	1
及时性和准时性	数据实际发布时间与计划发布时间的间隔	1
	初步结果发布时间与数据所属时间的间隔	1
	最终结果发布时间与数据所属时间的间隔	1

---

① 由于本章的研究主题只是评估方法，此处没有考虑各种具体的评估方式。但一般来看，评估方式既可分为在统一的组织框架下对整个统计机构的数据进行综合质量评估和对某一具体统计项目的数据进行质量评估；也可从另一个角度分为统计机构内部自我评估、邀请统计机构外部专家来评估以及引进国际质量认证标准体系等。

② ROSC – DM 是 Report on the Observance of Standards and Codes-Data Module 的首字母缩写。

续表

测度的质量维度	质量指标	指标类别
可获得性和明确性	公布/出售的出版物数量	1
	可访问的数据库数量	1
	已公布数据的源数据完整率	3
可比性	可比的时间序列的时间长度	1
	可比的时间序列的数量	1
	在概念和操作方面同欧洲规范的差异率	3
	相似流量统计数据的不对称性	1
一致性	满足最重要的次要用途要求的统计数据比率	3

注：①本表根据 *Standard Quality Indicators*（Eurostat，2005）整理而来，各个指标的具体解释与计算请参阅原文献；②表中"1"代表核心指标，"2"代表辅助指标，"3"代表需进一步试验的指标。

调查负责人自我评估清单是为调查负责人提供的能够快速地评估数据质量的工具，分为完整版本和浓缩版本。浓缩清单由具体的 15 个评估问项构成，其内容涵盖了欧盟定义的除可获得性和明确性之外的 5 个质量维度。在浓缩清单中，有各个具体的评估问项，具体向调查负责人提问，如"你怎么评价……？"，备选答案有 1~5 五个等级，并根据具体的评估内容界定 5 个等级的选中标准。例如，相关性维度下的"整体相关性"问项为：

Question：你怎么评估你的调查项目的整体相关性？

Response Options：

1. 调查项目的相关性很低；

2. 主要领域具备一定程度的相关性，但涵盖的其他领域的相关性很低；

3. 主要领域和涵盖的其他领域都具备一定程度的相关性；

4. 主要领域的相关性很高，但涵盖的其他领域只具备一定程度的相关性；

5. 主要领域和涉及的其他领域都具备很高的相关性。

在实际评估数据质量的应用中，根据自身掌握的信息，调查负责人对清

单中的有关问项逐一评估作答，最后将评估结果绘制成雷达图（见图 2-1），从而达到大致了解相关统计调查数据质量状况的目的。

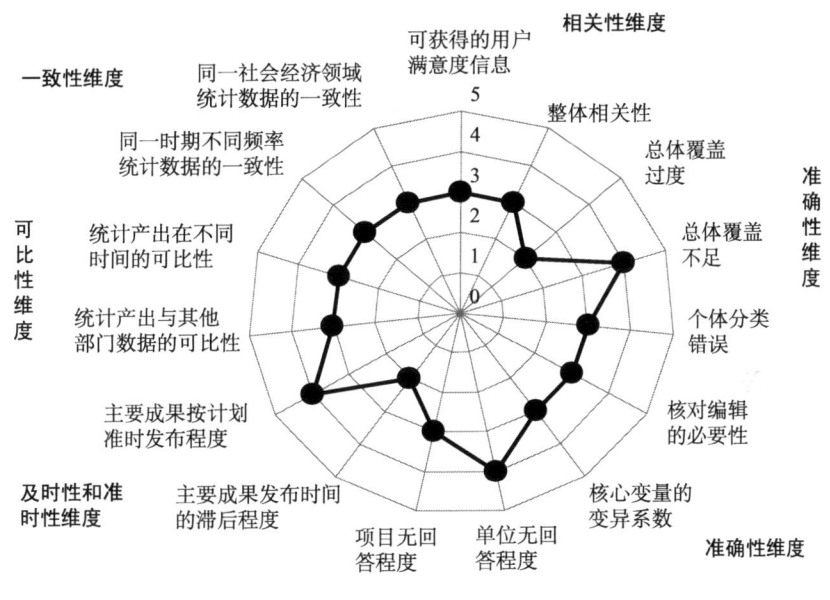

图 2-1　基于调查负责人自我评估清单的数据质量评估结果

2.1.5.2　ROSC-DM 法

基于 DQAF，IMF 提出了统计数据质量多维评估方法——ROSC-DM 法，采用阶层式组织结构，其评估程序为：首先，建立质量评估等级，包括"遵守""在很大程度上遵守""在很大程度上不遵守"以及"不遵守"四个等级[1]；其次，构建相应的专用评估框架，以质量要素作为评估单元，分析

---

[1] 这种四级划分方法是 IMF 给出的等级划分，且在此之外，IMF 还给出了一个称为"不适用"的评语，但用的极少。具体来说，"遵守"是指现行做法与 DQAF 提出的国际认可的统计做法（以下简称为"两者"）相比没有任何显著不足，很好地达到了 DQAF 给出的质量标准；"在很大程度上遵守"是指两者之间存在一些差异，但没有达到让人对数据生产者遵守 DQAF 提出的统计做法的能力产生怀疑的程度；"在很大程度上不遵守"是指两者之间存在显著的差异，并且数据生产者需要采取重大行动才能基本满足 DQAF 提出的质量标准；"不遵守"是指在绝大多数 DQAF 提出的国际认可的统计做法都没有达到要求；"不适用"则是指根据国情没有采用相关的统计实践。

比较各个评估指标下需要关注的问题及其质量要点；第三，从给定的四个质量评估等级中选出一个最合适的作为评估结果；最后，把概要的评估结论以一张表格的形式，将各个评估单元上已评估的等级结果展示出来（见表2-3）①。

表2-3　　基于DQAF的XXXX数据质量评估结果汇总（样表）

质量方面/要素	评估对象不适用相应的规范	评估结果				备注
		O	LO	LNO	NO	
0 质量的前提条件						
0.1 法律和机构环境		√				
0.2 资源		√				
0.3 相关性		√				
0.4 其他的质量管理		√				
1 保证诚信						
1.1 专业化				√		
1.2 透明度		√				
1.3 职业道德标准		√				
2 方法健全性						
2.1 概念和定义		√				
2.2 范围		√				
2.3 分类/部门划分			√			
2.4 记录基础		√				
3 准确性和可靠性						
3.1 源数据		√				
3.2 评估源数据		√				
3.3 统计技术		√				
3.4 评估和确认中间数据和统计产出		√				
3.5 修正研究		√				

---

① 在实际评估中，最终的评估结果还包括具体的对比分析过程、结果以及改进建议。

第 2 章　统计数据质量评估方法及基于 SAM 评估的新视角

续表

质量方面/要素	评估对象不适用相应的规范	评估结果				备注
		O	LO	LNO	NO	
4 适用性						
4.1 频率和及时性			√			
4.2 一致性			√			
4.3 修正政策和做法	√					
5 可获得性						
5.1 数据的可获得性		√				
5.2 数据诠释和可获得性		√				
5.3 对用户的帮助		√				

注：①表中符号"O"表示遵守，"LO"表示在很大程度上遵守，"LNO"表示在很大程度上不遵守，"NO"表示不遵守。②表中符号"√"表示评估结果。

2.1.5.3 数据质量综合评价方法

随着统计数据质量的概念由一维向多维发展，对于统计数据质量的评估，也从数据本身的准确性评估向整个数据的生产过程、用户需求等各个环节的评估扩展，因此需要从整体层面对统计数据质量进行综合评估。目前，因子分析法、模糊综合评估法、综合评价指标体系法在数据质量综合评估中应用比较广泛。

1. 因子分析方法

因子分析法的基本思想是依据原始变量相关性的大小，将变量分组，分组后同组变量之间有较高相关性，而不同组的变量之间有较低相关性。将代表了一个基本结构的每组变量用一个潜变量来表示①，定义这个潜变量为潜在因子或公共因子。在统计数据质量评估应用领域，潜在因子为统计数据的整体质量及各个维度质量（其中各个维度质量为一阶因子，整体质量为二阶因子），在理论分析的基础上，设计若干测评指标代表各个质量维度，通过验证性因子分析，找出以每个潜在因子为测评指标的线性

---

① 所谓潜变量，是指无法通过直接观测得到的变量，它与显变量相对应。下文统称为"潜在因子"。

组合式①,以各个潜在因子计算其在整个样本上的平均得分,从而得出评估结论②。

以统计数据整体质量为例,假设 $\beta_1, \beta_2, \cdots, \beta_k$ 为对应的潜在因子(ξ)在所有 k 个测评指标($x_1, x_2, \cdots, x_k$)上的因子得分系数;$\bar{x}_i = \frac{1}{n}\sum_j^n x_{ij}$($i = 1, 2, \cdots, k$)表示各个测评指标在样本容量为 n 上的平均取值,在整个样本上,统计数据整体质量的平均评估得分可表示为:

$$\bar{\xi} = \beta_1 \bar{x}_1 + \beta_2 \bar{x}_2 + \cdots + \beta_k \bar{x}_k = \sum_{i=1}^{k} \beta_i \bar{x}_i \qquad (2.15)$$

类似地,也可计算出在整个样本上的各个维度质量的平均评估得分,从而根据平均估分对统计数据质量进行多维评估。

2. 模糊综合评价法

影响统计数据质量的许多因素的内涵和外延界定一般不是十分明确,在一定的程度上具有模糊性;而评价主体对统计数据质量的各种因素的评价也具有模糊性,如在一定条件下,评价主体的主观感受为"好""一般"或"不好"的界定不十分明确。以模糊数学为基础,模糊综合评价法是应用模糊关系合成的原理,较主观地将一些边界不清、不易定量的因素定量化而形成的一种综合评价方法。因而,对统计数据质量运用模糊综合评价法进行评估,需要有一定的理论方法与实践基础。

3. 综合评价指标体系法

通过构建综合评价体系,对统计数据质量进行评估。曾五一(2015)构建了政府统计数据质量综合评价体系(见表2-4)。

---

① 因子分析分为探索性因子分析和验证性因子分析两种。在理论基础薄弱、变量之间的关系不明确而无法确认因素之间关系的时候,常用探索性因子分析;而当研究有理论支持的时候,则常用验证性因子分析来验证变量之间的关系是否存在。具体到数据质量评估领域,通常采用验证性因子分析。

② 此处需要特别指出的是,一般来说,因子分析给出的各个潜在因子的得分是零均值的,但是,若采用带均值结构的验证性因子分析模型进行估计,各个潜在因子在整个样本点上的平均得分不再为零。

第2章 统计数据质量评估方法及基于 SAM 评估的新视角

表 2-4　　　　政府统计数据质量四级评价指标体系

一级指标	二级指标	三级指标	四级指标
A：政府统计数据的整体质量	B1：前提条件与统计设计阶段	C1：客观性	D1：统计机构和人员的独立性
			D2：统计调查工作的公开性和透明度
			D3：统计人员遵循职业道德标准的程度
		C2：适用性	D4：指标编制对用户需求的适合程度
			D5：指标编制对用户需求的满足程度
		C3：方法健全性	D6：统计调查和指标编制方法与国际标准的相符程度
	B2：统计数据生产阶段	C4：准确性	D7：统计数据准确反映实际情况的程度
		C5：可靠性	D8：数据处理和质量评估结果的可信程度
			D9：数据修正规则和程序的合理性与科学性
		C6：可比性	D10：时间上的可比程度
			D11：空间上的可比程度
	B3：统计数据公布阶段	C7：及时性	D12：数据公布的及时程度
			D13：数据公布的频率
		C8：完整性	D14：数据结果的完整程度
			D15：统计环境变化的披露程度
		C9：可获得性	D16：数据获得的容易程度
			D17：对用户的帮助程度

表 2-4 这个综合评价指标体系由四级指标构成。它将政府统计数据分为前提条件和统计设计、统计数据生产、统计数据公布三个阶段：第一个阶段从统计人员和统计调查工作入手保证其客观性，注意指标编制的适用性，同时采用与国际相符的统计调查和指标编制方法，以保证方法的健全性；第二个阶段注重统计数据的准确性、数据处理和评估的可信性，数据修正规则和程序的科学性及时空的可比性；第三个阶段注重数据公布的及时性和频率、数据结果和环境变化的完整程度、数据和用户获得的容易程度。通过设计这三个阶段的指标，以保证统计数据的整体质量。

2.2 基于 SAM 的宏观统计数据质量评估

2.2.1 SAM 的基本原理

国民经济核算是一个巨大的体系。作为宏观经济统计的基本框架和国家标准的国民经济核算体系（SNA），采用"中心账户体系＋其他核算表"的核算模式，表述方式用一般平衡表法、图示法、账户法、方程式法和矩阵，其中 SAM 既是国民经济核算框架，又是国民经济核算账户的矩阵表述方式。

2.2.1.1 SNA 中关于 SAM 的定义

生产创造收入、收入引致需求、需求导致生产是完整的社会经济系统过程，一个完整的国民经济核算系统应该刻画周而复始的过程。在整个经济循环过程的核算中，要找到政府、居民、企业等行为主体之间的关系，必须把行为主体的数量和种类减少到可以处理和便于处理的范围，能够"瞬间"找到各行为主体之间的关系。SAM 就是这样一个社会经济系统循环过程，通过对国民经济行为主体的经济行为有序分类和整合形成核算体系，构成一个综合的宏观经济数据框架。不同的学者对 SAM 理解和应用侧重点不同，由此导致了多种 SAM 定义，故目前学术界还没有对 SAM 有一个完全统一的定义。国际上从事 SAM 研究的代表性人物 Jeffery I. Round（1981）对 SAM 的矩阵形式和意义做了一定的概括描述，SAM 被认为是一个用单数字表达的复式记账的核算体系，矩阵中每一行和列代表一个完整的宏观经济账户，其中行记录收入，列记录支出。联合国统计机构在 1993 年的 SNA 中指出："SAM 是以矩阵表示的 SNA 账户，描述了供给表、使用表与部门账户之间的关系；SAM 显示了一定时期内社会经济主体间的各种关系。"（UNSO，1993）2008 年的 SNA 中指出："通常意义上大家理解的 SAM，是在保持资金流量来源和使用平衡的条件下，通过引入现有流量的替代分解或者新型流量来扩展和细化 SAM，实际上 SAM 用一个完整的矩阵型账户来实现对货物和服务等账户的描述。"综合 1993 年 SNA 和 2008 年 SNA 对 SAM 的定义，可以得出，SAM

以复式记账的核算规则和矩阵的呈现形式,提供了核算国民经济的另外一种方式;SAM 包含了国民经济核算的所有流量和存量账户数据,通过矩阵表这一框架,把各交易主体在各种交易市场中所发生的账户收支关系有机完整地组织在一起,反映一个国家或地区在特定时期社会经济结构状况及与国民经济核算一致的、完整的信息。

2.2.1.2 SAM 的矩阵结构及其内在机理

SAM 结构采用行与列交错的正方形($n \times n$)矩阵表式来表示,每一账户对应的行记为"来源",记为该账户的收入;列记为"使用",记为该账户的支出。一般地,该账户反映的是社会经济交易主体的经济交易和经济事项的具体承担者。国民经济账户体系的集合为 SAM 的账户序列,按照社会经济流量要素对应的账户序列,主要涉及机构单位和部门、交易、资产和负债账户序列,包括生产活动(商品)账户、要素账户、机构部门账户、贸易账户、积累/资本账户、合计账户。各账户间的交易为矩阵表中的非零元素,表现为来自每一账户(元素)的支出、购买或货币流在矩阵表中对应的其他一个或几个账户(元素)中必须要有相应的收入、销售或货币流,矩阵表中的每一个交汇点,即非空元素可以根据需要扩展为子矩阵。根据国民经济核算基本原理,任何收入都应有相应的支出,SAM 矩阵中的行所代表的收入总和与相应的列所代表的支出总和两者内在相等。SAM 的矩阵表式结构见表 2-5。

表 2-5　　　　　　　　SAM 的矩阵表式结构

收入行账户(i)		支出列账户(j)					行合计
		1	…	k	…	n	
	1	$t_{1,1}$	…	$t_{1,k}$	…	$t_{1,n}$	$\sum_{j=1}^{n} t_{1,j}$
	…	…	…	…	…	…	…
	k	$t_{k,1}$	…	$t_{k,k}$	…	$t_{k,n}$	$\sum_{j=1}^{n} t_{k,j}$
	…	…	…	…	…	…	…
	n	$t_{n,1}$	…	$t_{n,k}$	…	$t_{n,n}$	$\sum_{j=1}^{n} t_{n,j}$
列合计		$\sum_{i=1}^{n} t_{i,1}$	…	$\sum_{i=1}^{n} t_{i,k}$	…	$\sum_{i=1}^{n} t_{i,n}$	

如表2-5所示，社会经济活动中经济主体在各类账户之间的交易在SAM中以行（贷方）与列（借方）交汇点的一次性记录来描述，以上行列交错所形成的流量：

$$T = \{t_{ij}\} \quad i = 1,\cdots,n; j = 1,\cdots,n$$

其中：i 为第 i 个行账户，j 为第 j 个列账户，t_{ij} 表示账户 j 支出到账户 i 收入的交易值，可以看出，既是第 i 个账户的收入，同时也是第 j 个账户的支出；n 代表账户数目，即SAM矩阵的维数。

SAM矩阵表式结构蕴含的内在机理是收入与支出平衡，即行和（总收入）与列和（总支出）相等。SAM内在机理的恒等式如下：

$$\sum_{j=1}^{n} t_{k,j} = \sum_{i=1}^{n} t_{i,k} \tag{2.16}$$

表2-5中，国民经济循环运行的生产、分配、消费和积累基本过程在SAM各账户中得以完整呈现。SAM所蕴含的内在机理可用收入流和支出流表示的国民经济联系循环图来表示（见图2-2）。

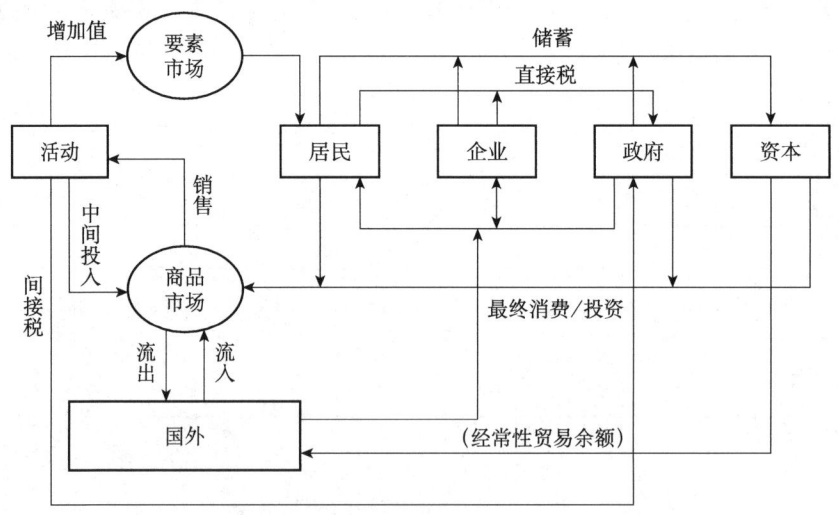

图2-2　SAM反映的国民经济联系循环图

注：箭头代表收入，箭尾表示支出。

图2-2呈现了一个完整而典型的宏观SAM框架，SAM的收支平衡的内

在机理在各账户所代表的经济主体间循环往复的运行过程及联系中得以体现：从生产（商品）活动到劳动力、资本、土地等要素收入的分配，然后到居民、企业、政府等机构部门的最终消费和投资，经过循环运行再到生产，形成了一个社会经济简单的再生产运行过程。商品的供给、消费及投资来反映商品市场的供求关系；通过对各种生产要素的需求和劳动力要素、资本要素的供给来反映要素市场的供求关系；通过要素市场、商品市场以及国外部门以进出口方式与国内各交易主体直接或间接地发生双向交易联系，构成了进出口贸易和收入再分配，各种机构部门和各类市场，共同构成了开放经济体中收入和支出的流动循环。由此可以看出，SAM在高度集结生产部门、生产要素和机构部门的层次上，形成了核算整个经济系统复杂联系的一个综合框架。

2.2.2 基于 SAM 的宏观统计数据质量评估视角

2.2.2.1 SAM 呈现 SNA 的重要信息

SNA 是一个国家或地区以整个国民经济活动为对象的核算制度，以基本核算表、国民经济账户、附属表的形式，全面、系统、完整地从数量上记录国民经济运行的循环活动过程。SNA 以生产核算为起点，经过期初对各部门增加值及其收入分配的使用、固定资本形成、机构部门金融交易等流量的核算，通过经济流量循环运行，最后归结为资产负债的存量核算，形成期末存量。中国 SNA 由五大基本核算表、国民经济账户和附属表组成。其中基本核算表包括 GDP 核算（GDP 总表，生产法、收入法、支出法 GDP）、投入产出（IO）核算（供给表、使用表、产品部门×产品部门表）、资金流量核算（实物和金融交易表）、国际收支平衡核算（国际收支平衡表、国际投资头寸表）和资产负债核算（期初、期末资产负债表）；国民经济账户包括经济总体账户、国内机构部门账户、国外部门账户；附属表包括自然资源实物量核算表和人口资源、人力资本实物量核算表。基本核算表分别核算不同的宏观经济分析领域，在核算上相对独立，不存在严密的逻辑关系。而国民经济账户在生产、分配、消费、投资活动等环节设置了一系列平衡项，记录不同的经济交易和项目，其数值等于账户左右两方项目记录数据的差额，上一账户左边所记录的平衡项依次转入下一个账户的起始项，使得相邻账户得以连接，形成账户体系，并以此来刻画经济活动循环平衡过程。附属表把核算对象从经济活动延伸到自然资源和人力资源核算，完成了对基本核算表的重要补充。

在社会经济活动中，SAM 以简单明了的方式呈现国民经济基本核算和账户结构的相互依赖，同时涵盖附属表中的大量信息，故 SAM 为"矩阵＋表"的 SNA。根据 SAM 编制目的和数据的可获得性，SAM 可以在行与列上任意细化交易主体、交易分类和增加平衡项等。相对于 SNA 的基本核算和国民经济账户，根据一定研究目的编制的 SAM，可使国民经济核算向细化发展。SAM 形成了一个国家特定时期的经济总量和结构，描述了要素、产品及各机构部门之间的联系，呈现出国民经济的全景式"瞬间"静止状态。因此，SAM 全面展示 SNA 中重要的流量和存量信息，基于 SAM 账户元素代表的信息是统计数据质量评估的对象。

2.2.2.2　SAM 为国民经济宏观统计数据质量的提高提供了可能

统计数据作为公共产品，是政府和公众了解社会发展状况和宏观经济运行态势的重要信息来源，确保统计数据质量是统计工作的生命。在现阶段，宏观经济决策的科学性与统计数据质量相关，社会科学研究成果是否符合实际也与定量化的数据分析密不可分。作为生产主要统计数据的政府统计机构，如果统计数据质量出现问题，就会严重影响政府的形象和声誉。无论与国际标准相比，还是与用户需求相比，我国统计数据质量还有待改进和提高。统计数据质量存在的主要问题表现在统计数据失真、统计数据口径不一致、统计数据的透明性不强，其主要原因是受到统计管理体制、调查方法、调查对象、分类标准、统计环境等因素的影响，也受到利益因素驱动而不能提供真实的统计数据。确保数据的真实性是统计数据质量面临的重大挑战。

作为社会经济信息组织方式的 SAM，其编制具有很高的技术性，数据来源的复杂性也是编制 SAM 的难点。编制 SAM 的数据主要来源于国民经济核算数据、职能部门的统计数据及其对有关机构部门的调查数据，有些数据还要经过相关指标的推算得到。收集、组织、整合和推算各类统计信息的过程，也是 SAM 编制中检验统计数据质量的过程。对不同的数据来源，如国家或地区投入产出表（Input and Output，简称 IO 表），统计年鉴，财政金融、税收等专业统计年鉴，人口普查数据，经济普查数据，生产要素资料，居民及政府机构的调查数据，实物或金融资金流量表，国际收支平衡表，地区之间的交易等数据，单独使用某一来源数据的时候很难发现问题，而在编制 SAM 的过程中，需要把这些数据整合到统一的 SAM 框架中，则不同来源的数据之间的不一致性和数据准确性问题就很容易显现出来。因此，收集、组织、整合和推算 SAM 账户数值的同时，也是查找和调整数据间可能存在矛盾的重要环节，也是利用账户平衡的内在机理对宏观经济统计数据进行检验评估的过程。从整合核算和统计数据评估的角度说，SAM 的编制对于进一步完善和改进国民经济核算方法、提高国家或地区统计数据质量有重要的理论意义和现实意义。

2.2.2.3　SAM 为宏观经济统计数据质量评估提供数据集

SAM 是宏观经济综合数据框架，包含国民经济核算中各类账户的全部内容，是唯一将宏观经济数据用完整而平衡的矩阵来表示的核算形式。SAM 中各账户既依据经济循环理论排列组合又相互衔接，账户内部"来源"和"使用"平衡，账户体系顺次联系、交叉联系，其整体平衡涵盖整个宏观经济数据，为宏观经济统计数据的核准提供依据，也为利用各类评估方法评估宏观经济统计数据质量提供宏观数据集。宏观 SAM 数据集中的数据综合性强，而细化的 SAM 数据集中的数据是在账户细分的基础上形成的，这为统计数据质量的定量评估提供细分的数据集，如利用 K - S 法、匹配法、Benford 法及模糊评价法等统计数据质量评估方法对宏观经济统计数据进行质量评估。如前所述，由于核算角度和数据来源的不一致，账户之间可能会出现不衔接，这个时候要利用 RAS、CE 等 SAM 的平衡技术，依据经济理论和经济运行的现实，及时对误差项进行修正，达到 SAM 代表的宏观经济数据的整体平衡，为宏观经济统计数据质量评价提供准确无误的标准数据集。

第 3 章　基于国民经济核算的 SAM 及其宏观统计数据质量评估

SNA 作为宏观经济核算的基本框架,核算方式采用平衡表法、图示法、账户法、方程式法和矩阵的形式,其中 SAM 是国民经济核算账户的矩阵表述方式。矩阵作为国民经济核算内容的工具,可以把国民经济核算的框架应用于各种分析,对国民经济核算的详细程度做出更加详细的核算矩阵,在不放弃整个 SNA 一致性和完整性的前提下,对国民经济核算矩阵表中的某些项目内容进行细化和扩展,形成 SAM。因此,国民经济核算资料移植到 SAM 账户元素数值的过程,是利用 SAM 收支平衡的内在机理对其统计数据质量进行评估的过程。

3.1　国民经济核算与 SAM 的关系

3.1.1　国民经济核算及其账户表示

3.1.1.1　国民经济核算概述

一个特定的时间和空间范围内,国民经济是一个国家或地区全部经济活动过程和交易构成的综合。以生产为起点,经济活动过程和交易经历生产、分配、使用和积累的连续不断循环运动过程。国民经济核算是以一定的经济理论为指导，把一国或一个地区的经济总体通常按照一套既定概念方法系统定量地描述，运用相互联系的账户和平衡表来测定和呈现经济活动的流量、存量及其各重要总量指标，反映国民经济的规模总量和结构及其与经济体内外的各种联系。

国民经济核算的对象是特定的时间和空间范围内经济总体，如一个国家的经济总体或者一个地区的经济总体。从方法上看，国民经济核算以宏观经济理论为指导，运用统计指标手段来描述现实经济状况，通常采用复式记账原理和统一的货币计量单位。从国民经济核算的目的看，通过核算，提供主要的社会经济流量和存量指标，反映国民经济的运行情况，宏观经济管理和分析的基本平衡经济关系可以在核算中实现，从而为计量分析宏观经济提供数据基础，也为国际化比较提供数据支持。

中国国民经济核算体系采用"中心账户+核算表"的模式，是由基本核算表、国民经济账户和附属表三部分构成（见图3-1）。

国民经济核算体系的核心部分为基本核算表和国民经济账户，附属表是对核心部分的补充，他们采用账户和表的形式，全面描述和核算国民经济运行过程。其中基本核算表反映当期发生的经济活动流量和存量；国民经济账户把基本核算表作为子系统的内容加以综合，打破不同子系统分割的局面，以账户体系系统描述国民经济运行的过程和存量条件；附属表把核算对象延伸到自然资源和人力资源方面，补充了国民经济核算的基本内容。

3.1.1.2　国民经济核算的账户设计

国民经济核算基本表中各子系统相对独立，要把整个国民经济体系展现出来，有必要把各子系统核算内容加以整合和连接，用来反映国民经济的运行过程，而国民经济账户体系能实现这种连接。国民经济账户是为国民经济运行过程和结果核算构造的另外一种模式，而不是另外设计的一套核算体系，其核算内容、核算原则和核算方法与子系统完全一致，按照国民经济运行过程重新组合设计。国民经济的循环运动，通常设置生产账户、消费账户、积累账户和国外部门四大类账户。从一个机构部门出发设计国民经济

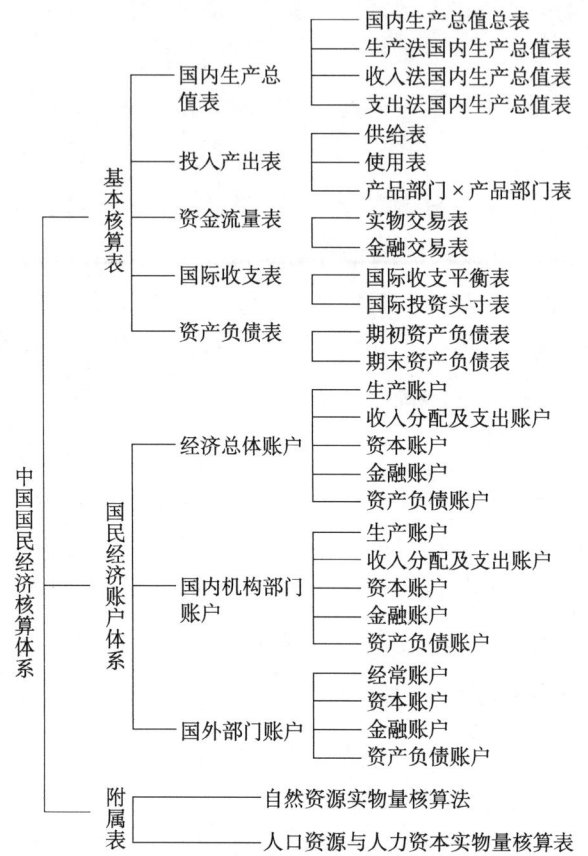

图 3-1 中国国民经济核算体系基本框架

账户体系,通常包括生产账户、收入分配账户、收入使用账户、资本账户、金融账户、资产及其他物量变化账户、重估价账户、资产负债账户和国外部门账户。国民经济生产账户、收入分配账户、收入使用账户是 SAM 账户核心。

1. 生产总量核算账户设计

国民经济生产总量为全社会的总产出,表示整个国民经济核算范围内所有生产单位或部门在一定时期内创造的全部生产成果。国民经济生产指标体系见图 3-2。

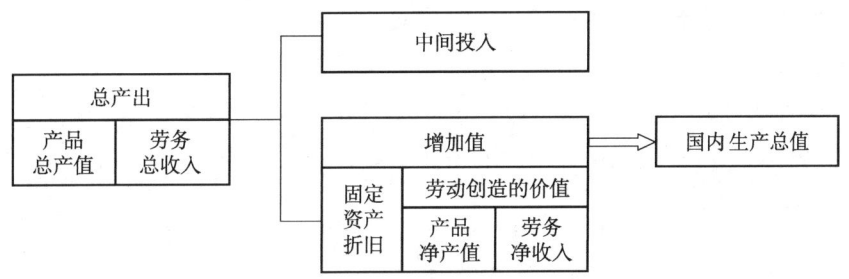

图 3-2 国民经济生产指标体系

图 3-2 中，总产出、中间投入、增加值（GDP）、产品总产值等指标是国民经济生产指标体系的组成指标，反映了核算期国内机构部门在生产过程中所创造的用货币表示的价值以及与此价值相对应的收入流形态。国民经济生产指标体系的账户①表示见表 3-1。在生产账户中，来源方记录各机构部门在一定核算期内的总产出，使用方记录各机构部门在生产过程中的中间消耗，增加值为总产出与中间投入的差额，是生产账户的平衡项。

表 3-1　　　　　　　　　　生产账户

使　用	来　源
增加值 （1）劳动者报酬 （2）生产税净额 （3）固定资产折旧 （4）营业盈余	总产出 减：中间投入
合计	合计

2. 收入分配核算账户设计

收入分配核算账户反映了从增加值到可支配收入的价值分配过程，包括收入形成账户、原始收入分配账户和收入再分配账户。

初次分配核算和再分配核算是国民经济收入分配核算的两个前后相连的部分。依据劳动、资本和土地等要素对生产的贡献，居民、企业、政府等要

---

① 国民经济账户遵循如下记账原则：收入、负债变动，包括负债增加和负债减少以及负债存量项目，计入 T 型账户的来源方；支出、资产变动，包括资产增加和减少以及资产存量项目，计入 T 型账户的使用方。

素所有者依据生产要素对生产过程的贡献获得收入,这是初次收入分配的结果,获得的收入即为生产性收入。

劳动要素对生产过程的贡献见图3-3。从图中可以看出,增加值在生产部门内部被分割为劳动者报酬、固定资产折旧及生产税净额,余下的部分为总营业盈余。

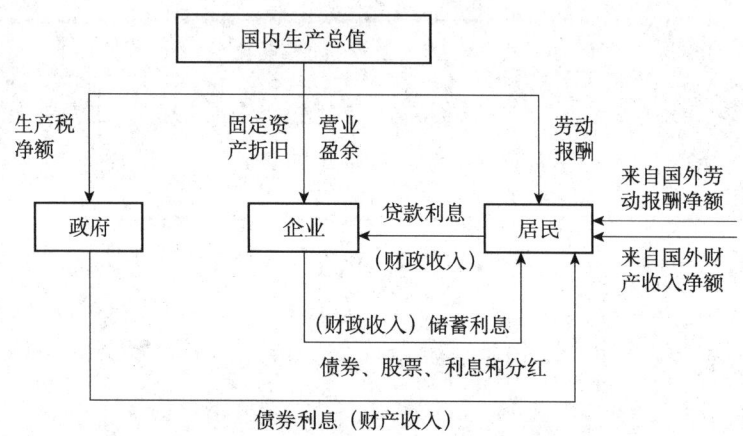

图3-3 国民经济收入的初次分配

国民经济收入初次分配账户包含收入形成账户(见表3-2)和原始收入分配账户(见表3-3)。收入形成账户反映了在生产部门内部各机构部门创造增加值的初次分配,其中平衡项为总营业盈余,功能上代表生产过程中资本要素的贡献。作为平衡项,总营业盈余在原始收入分配账户核算中还要做进一步的分配。在原始收入分配账户中,各机构部门依据其对生产的贡献而获得收入,记录了机构部门获得收入的过程和结果。

表3-2 收入形成账户

使用	来源
1. 劳动报酬 2. 生产税净额 3. 总营业盈余 　减:固定资产折旧 4. 净营业盈余	1. 总增加值 　减:固定资产折旧 2. 净增加值
合计	合计

表 3-3　　　　　　　　　　原始收入分配账户

使　用	来　源
1. 财产收入支付 2. 原始总收入 　　减：固定资产折旧 3. 原始净收入	1. 总营业盈余 　　减：固定资产折旧 2. 净营业盈余 3. 财产收入
合计	合计

收入分配结束后，各机构部门获得了原始收入，还要以各种名义进行经常转移，即原始收入在不同部门、单位和个人之间发生转移收支而产生间接分配，如财政、捐赠及救济等，形成机构部门的收入再分配。再分配过程见图 3-4。

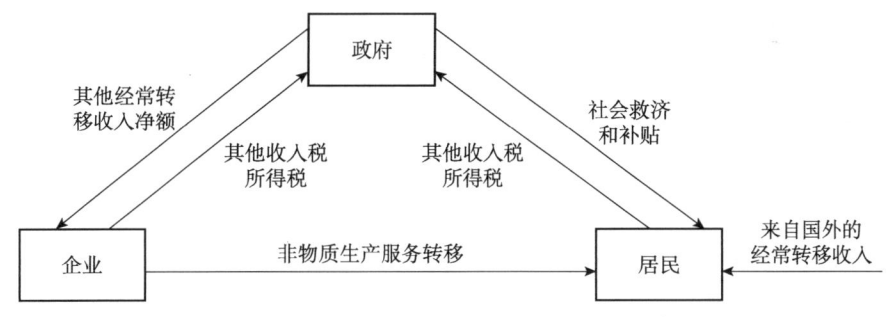

图 3-4　国民经济收入的再分配

图 3-4 显示了政府、居民、企业从生产中得到原始收入之后发生的转移性收入分配活动，包括向政府缴纳的所得税、社会保障缴款和社会福利以及包含其他名目的经常转移。经过收入再分配，最后才能得到可用于各部门消费的可支配收入，作为收入再分配账户的平衡项。

国民经济收入再分配账户见表 3-4。

表 3-4　　　　　　　　　　收入再分配账户

使　用	来　源
1. 经常转移支出 2. 可支配总收入 　　减：固定资产折旧 3. 可支配净收入	1. 原始总收入 　　减：固定资产折旧 2. 原始净收入 3. 经常转移收入
合计	合计

3. 收入使用核算账户设计

收入分配在各机构部门结束后，政府及居民获得了可支配收入，还要进行消费，企业没有消费功能，其消费为零，故消费核算主要在居民和政府两个部门中进行。可支配收入的一部分用于购买满足生活需求的居民个人消费品、服务和满足政府需求的公共消费，两者合计形成总消费支出；另一部分用于机构部门购买在生产过程中满足生产需要的资产，形成投资支出；剩余的部分用于出口。国民经济收入（表现为 GDP）的使用核算包括消费核算、投资核算和出口核算（见图 3-5）。

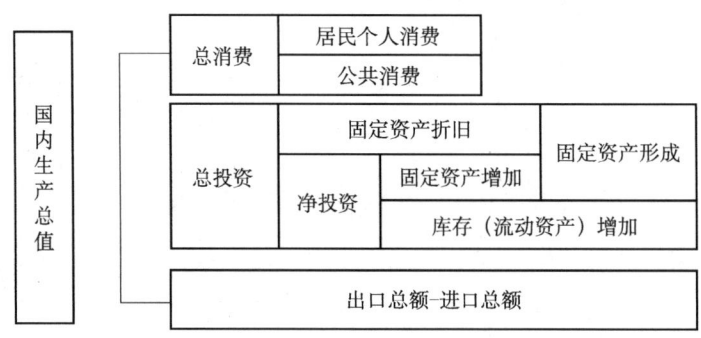

图 3-5　GDP 的使用

可支配收入使用账户见表 3-5。

表 3-5　　　　　　　　　　可支配收入使用账户

使　用	来　源
1. 最终消费支出 2. 总储蓄 　　减：固定资产折旧 3. 净储蓄	1. 可支配总收入 　　减：固定资产折旧 2. 可支配净收入
合计	合计

4. 国民经济账户与基本核算表之间的关系

国民经济核算是一个包括针对国民经济的不同专题组织和实施的五个基本宏观经济核算和其他核算内容的完整体系。国内经济的五大核算在分析的意义上既相互联系，也相互补充；同时，各自在核算内容上相对独立，各自的核算方法自成一体，针对性强。但是基本核算整体结构较为松散，核算数据之间也缺乏严格的衔接关系。五大核算是国民经济核算的主要部分，但没有包括国民经济核算的全部内容，如果只是将五大核算拼凑在一起，不能严谨地构成一个规范、完整、平衡的数据体系和核算框架。鉴于此，必须把国民经济各个环节、各方面核算内容置于一个统一的框架中去，用整体方法论进行必要的规范和一致的处理。在这方面，以复式记账的国民经济账户可以实现这个功能，国民经济账户是国民经济核算的工具和另外一种形式。

账户核算的形式及方法被纳入国民经济核算框架，有助于提高各类核算之间的一致性和协调性，也能理顺和规范整个核算结构，并能以平衡表提供宏观经济分析与管理所需要的基本信息。国民经济核算通过一定的账户体系相联系，一个账户就是一个平衡表，整个国民经济核算的内容用一系列有严格数量对应关系的平衡表来表示。在一个科学的 SNA 核算中，账户是基础，有其基本的核算框架和基础数据，通过账户体系，国民经济五大核算和账户体系之间建立了合理的联系，从五大核算到账户体系是国民经济核算内容上的概括、整合和提升，账户数据全部来自基本核算，其账户及账户体系核算原则、内容、方法完全与国民经济核算一致，只是按会计复式记账原则重新组合和设计国民经济的运行。

GDP 是国民经济账户最重要的总量指标，而账户为 GDP 数据提供了核算来源和使用去向的基本框架，在 GDP 核算过程中，通过账户之间的平衡可对 GDP 数据进行调整和修订；IO 表中产品部门之间的投入与产出关系，包括总产出、中间投入、产品最终使用方向、部门增加值等数据，这些数据是编制国民经济账户的重要数据来源，账户的总量资料是编制 IO 表的数据来源；资金流量表表现为国民经济流量账户，资产负债表表现为国民经济存量账户，国际收支平衡表与国民经济账户中的国外部门流量账户相对应。

国民经济账户也有其内在的不足：一是每个核算项目必须记录两次；二是建立在严格平衡核算框架之内的账户体系，不可能包含国民经济的所有内容，因此还需要设置一些附属性账户和补充表。

由于账户的设置依据从生产到积累的国民经济运行过程，如果不是在一个简单的系统中，我们就难以发现经济利益主体之间的内部联系。因此，寻求能体现经济利益主体之间的内部联系且逻辑严谨的核算组织形式就成为必然。把国民经济各部门（包括国外部门）账户按经济运行过程连接起来，并恰当分类机构部门的交易类型，就可以得到国民经济核算的棋盘式平衡表——国民经济核算矩阵，其特点是横行和纵行按照同样的标题排列，且行列交叉形成一个方形结构矩阵表。在实践中，可以根据国民经济的详细程度，在不放弃矩阵表与整个核算体系一致性、完整性的条件下，对国民经济核算矩阵行列账户进行细分和扩展，给出更加详细的核算内容，并突出住户、政府等交易主体的各类机构部门的信息，形成社会核算矩阵（SAM）。

3.1.2 SAM 经济核算的理论基础

19 世纪末，法国经济学家里昂·瓦尔拉斯提出了一般均衡理论①，把经济系统看作一个整体，认为市场上一切商品的需求和供给之间均衡，包括总量均衡及其价格形成，且各种商品的供给、需求和价格之间相互依存、相互影响。在一个特定的市场上，生产单位商品的供给、消费者需求与商品价格之间形成函数关系。一般均衡状态需要满足五个条件：每个消费者效用最大化、每个厂商利润最大化、每个市场都是出清的、每个企业家的利润均为零、个人消费和生产水平的均衡值在个人超额需求规定的范围内。一般均衡理论集中考察交换的一般均衡，并从一般均衡的实物经济推广到货币经济。以一般均衡结构为基础，帕累托、阿罗、德布鲁及麦肯齐和其他学者加入一般均衡理论的改进和发展中，对瓦尔拉斯的均衡体系在严格的假定条件下进行证明，在一定的假定条件得到满足的情况下，一般均衡就有了均衡解的存在。

---

① （法）瓦尔拉斯：《纯粹经济学要义》，蔡受百译，商务印书馆，1989。

宏观经济理论是国民经济核算的理论基础,账户和平衡表是国民经济核算模式,而平衡表体现了一般均衡思想。在平衡表的基础上,以账户及矩阵表呈现的SAM,其收支平衡的内在机理的理论基础为国民经济核算理论和瓦尔拉斯一般均衡理论。在一般均衡理论及其国民经济核算基本原理的理论指导下,对SAM的内涵界定如下:

SAM是国民经济账户体系的矩阵表现形式;依据经济流量循环过程,通过对IO表与国民经济中关键账户合理的整合,以单式记账形式反映复式记账内容的经济核算二维表;全面地刻画了特定年份一国或一地区各类部门之间通过商品市场、要素市场而发生的流量交易和收支转移活动,形成了一个综合的宏观经济数据框架。

3.1.3 基于国民经济核算的SAM表式结构及总量平衡关系

3.1.3.1 宏观SAM框架结构

一定时期内一个国家或地区宏观经济和主体的信息如果放置在一个统一的框架内进行信息综合组合,并按照矩阵形式呈现国民经济账户体系,描述经济从生产到收入分配使用再到积累的全过程,就形成SAM。SAM是一个账户序列,一个账户的"来源"项目必须是另一个账户的"使用"项目,账户之间通过"平衡项"彼此衔接,所有账户的收支平衡。

根据研究目的,所需账户体系的详尽程度不同,以账户矩阵形式构建的SAM也不同,故在理论上没有固定的SAM,其框架突出了参与社会活动的不同主体之间的联系。在SAM中,各类账户等可根据所研究问题的需要进行账户(部门)的细分或集结,如要素账户可细分为劳动力、资本、土地和企业家才能,也可以把他们集结。SAM的账户细分程度、表式结构根据资料来源和研究者的需要进行灵活安排。对于一个开放型国家的宏观SAM来说,通常包括八个账户:商品账户、活动账户、要素账户、居民账户、企业账户、政府账户、国外账户、资本账户,其SAM框架结构见表3-6。

表 3-6　　　　　　　　开放经济的国家宏观 SAM

		1 商品	2 活动	3 要素	4 居民	5 企业	6 政府	7 国外	8 资本	汇总
1	商品		中间投入		居民消费		政府消费	出口	固定资本形成	总需求
2	活动	总产出								总产出
3	要素		要素报酬							要素收入
4	居民			劳动报酬		企业转移支付	政府转移支付	国外收益		居民总收入
5	企业			资本收入						企业总收入
6	政府		生产税		直接税	企业直接税				政府收入
7	国外	进口		投资收益						本币（外汇）支出
8	资本				居民储蓄	企业储蓄	政府储蓄	国外储蓄	存货变动	总储蓄
	汇总	总供给	总投入	要素支出	居民总支出	企业总支出	政府总支出	本币（外汇）收入	总投资	

各账户说明如下：

序号 1 为商品账户，反映国内市场商品的总需求和总供给。从收入的角度来看，商品账户核算国内市场商品的总需求，包括生产部门（活动账户）的中间投入、居民最终消费、政府最终消费、出口、投资；从支出的角度看，商品账户核算国内厂商的总产出和商品进口，形成了商品账户的总供给。

序号 2 为活动账户，反映国内厂商生产活动的总投入和总产出。从收入的角度看，活动账户收入来源于国内厂商商品和服务的总产出，反映了对商品账户的总销售构成了活动账户的总产出；从支出的角度看，活动账户反映了国内厂商的总投入，包括用于生产过程中的中间需求和初始投入，即支付的生产要素报酬、给政府交纳的生产税和获取的生产补贴，构成了活动账户的总投入。

序号3为要素账户，反映劳动力的投入以及要素收入的分配。从收入的角度看，要素账户收入是活动账户提供给要素所有者的要素报酬；从支出的角度看，对这些要素报酬收入进行支出，分别以劳动报酬形式支付给劳动者、以资本收入形式支付给企业，以投资收益形式支付给国外。

序号4为居民账户，反映了居民的各项收入和支出。从收入的角度看，居民账户收入来源于劳动者报酬、居民的资本收益、企业对居民的转移性支出、政府对居民的价格补差、政府对居民的其他支付、居民的国外收益；从支出的角度看，居民账户的支出为居民消费、个人所得税、居民储蓄。

序号5为企业账户，反映了企业的收入与支出。从收入的角度看，企业账户的收入来源于企业的资本收益；从支出的角度看，企业账户的支出包括企业对居民的转移支付、企业向政府缴纳的直接税费、企业储蓄。

序号6为政府账户，反映政府的收入与支出。从收入的角度看，政府账户的收入主要来源于进口税收、各种生产税、个人所得税、企业直接税费、政府的国外转移收入、政府的债务收入；从支出的角度看，政府账户的支出主要包括政府消费、政府的补贴支出、政府对居民的其他支付、政府对国外的支付以及政府储蓄。

序号7为国外账户，是从国外的角度反映国外的收入和支出，反映了国家的对外经济联系。从收入的角度看，国外账户收入来源于进口、国外资本投资收入、政府对国外的支付；从支出的角度看，国外账户的支出主要包括出口、居民的国外收益、政府的国外转移收入、国外净储蓄。

序号8为资本账户，反映资本的总储蓄和总投资。从收入的角度看，资本账户的收入主要包括居民储蓄、政府储蓄、预算外账户结余、企业储蓄、国外的资本净流入、政府的债务收入，这些形成了总储蓄；从支出的角度看，资本账户的支出主要包括固定资本形成、存货净增加，这些形成了总投资。

表3-6为简洁的宏观SAM账户结构，包含了构成完整的社会经济循环必需的8类账户。在实际的SAM编制和应用的过程中，可以根据不同的条件和研究问题的需要决定SAM的结构规模和账户数量，便于识别和明晰交易主体交易量的性质，突出展示某一类交易活动。SAM编制中，可对账户做进一步的拓展和细化，根据账户的细化程度，可以构造出各种规模的细化SAM。例如，对活动账户参照国际工业分类标准进行部门细化；对商品账户按照联合国核心产品目录进行账户分类，但在中国的统计实践中，一般参照IO表产品部门进行部门分类；对政府账户，可细分为预算外账户、政府补贴账户，也可分为地方政府和中央政府账户；居民账户可细分为城镇居民和农村居民；要素账户可细分为劳动力和资本账户；资本账户可细分为固定资本形成和存货变动账户。如果根据编制目的，细化后的账户还需要细化，如劳动力可划分为生产工人、农业劳动力、技术人员，居民按收入状况进一步划分为低收入户、中等收入户、高收入居民等，则SAM子账户所需要的数据规模会成倍地加大。宏观SAM在总量上反映某类交易的数值，通过细分之后的SAM，更清晰地描绘了构成交易总量交易的收入方和支出方，且社会经济流量跨账户之间的收支关系更能清晰地揭示出来。当然，账户的划分并非越细越好，过于细化账户规模，则会造成编制成本的提高和数据收集难度的加大，在一定程度上造成信息的冗余，使用户无法清晰地快速掌握主体账户数据。当研究国家宏观经济状况时，可以针对研究主题对个别账户做细化，与研究主题无关的账户不必划分得太细；当研究微观主体的行为时，如居民的收入和消费状况，当收集数据的成本较高时，则相关账户只细化到研究时需要的子账户即可。

3.1.3.2 SAM反映的宏观经济核算总量平衡关系

在开放经济条件下，宏观SAM账户序列涵盖了一个国家或地区利益主体经济活动的过程，实现了社会经济统计数据从微观到宏观的连接，SAM框架展示了国民经济系统的全貌。SAM账户所代表的每一经济主体的收入等于

第3章 基于国民经济核算的 SAM 及其宏观统计数据质量评估

支出,各账户收支平衡且相互制约,账户中非空元素都反映了账户间的经济联系,经济核算总量的平衡在 SAM 中得以体现。表 3-6 可简化为表 3-7,反映宏观经济系统的总量平衡关系。

表 3-7　　　　　　　　SAM 反映的宏观经济系统

		支出					合计
		1. 生产者	2. 居民	3. 政府	4. 资本	5. 国外	
收入	1. 生产者	—	C	G	I	E	总需求
	2. 居民	Y	—	—	—	—	收入
	3. 政府	—	T	—	—	—	收入
	4. 资本	—	S_h	S_g	—	S_f	储蓄
	5. 国外	M	—	—	—	—	本币（外汇）
合计		总供给	支出	支出	投资	本币（外汇）	

注：
C：居民消费　　G：政府消费　　I：投资　　E：出口　　Y：收入
T：税收支付　　S_h：私人储蓄　　S_g：政府储蓄　　S_f：国外储蓄　　M：进口

表 3-7 反映了开放经济条件下一个国家或地区宏观经济系统的收入与支出流。生产者通过商品市场,将最终产品销售给居民（C）和政府（G）,从资本账户中获得投资收益（I）,把商品销售给国外而获得收入（E）;在要素市场,生产部门的收入又分别以要素报酬和消费的形式支付给居民（Y）和国外（M）;与居民账户有关的支出包括消费支出（C）、税收（T）和私人储蓄（S_h）;政府支出用来购买消费品（G）和政府储蓄（S_g）;国外的收入表现为出口（E）和国外储蓄（S_f）。

由表 3-7 可以得到国家宏观经济系统中的国内生产总值、收入、政府预算、储蓄—投资、贸易的核算平衡关系:

①国内生产总值平衡: $Y + M = C + G + I + E$

②收入平衡: $C + T + S_h = Y$

③政府预算平衡: $G + S_g = T$

④储蓄—投资平衡: $I = S_h + S_g + S_f$

⑤贸易平衡: $E + S_f = M$

在一定时期、空间下国民经济各系统均衡的条件下，商品的总供给等于总需求，生产者的成本等于收益，经济主体的收入等于支出，从而宏观经济从整体上平衡，意味着从国家宏观层面看，政府预算平衡、储蓄—投资平衡、国际收支平衡三大核算基本总量平衡，反映了SAM收支平衡的内在机理。这种恒等关系反映了经济流量循环过程，即收入是由生产创造出来的，消费是收入的用途，消费的结余是储蓄，通过金融市场，储蓄转化为投资。消费和投资补偿了产出的成本，由此构成了一个经济循环的完整过程，SAM描述了经济总量理论所揭示的经济总量流动过程。

由于核算角度不同，账户之间可能会出现偏差，这个时候可以检查基于SAM内在机理的三大基本总量是否平衡，找到账户之间衔接误差的原因，及时予以修正，最终达到宏观经济数据的整体平衡，故国家宏观经济系统中的GDP、收入、政府预算、储蓄—投资、贸易的核算平衡关系可作为统计数据质量评估的重要依据。

3.2 国民经济核算资料与SAM的关系及其宏观统计数据质量评估

依据2008年SNA账户设置，SNA由相互关联的五大子系统组成：含生产账户和IO表的生产与投入产出核算，含收入与支出账户与国民收入流量表的国民收入与支出核算，含金融与资本形成账户与金融与投资流量表的金融与投资流量核算，含国外账户与国际收支平衡表的国际收支核算，含资产负债账户与资产负债表的国民经济资产负债核算。表达同一经济活动内容的账户与矩阵，并不是核算不同系统的不同内容。依据经济循环理论和SAM概述，SAM可以看作是国民经济账户体系的集合，也可以看作是经济互动子系统的五张矩阵平衡表的集合，是国民经济平衡表体系的缩影。采用矩阵式平衡表，SAM反映国民经济复式记账的收入来源方与支出使用方相等，故

第 3 章 基于国民经济核算的 SAM 及其宏观统计数据质量评估

SAM 中行和与列和相等不是偶然的,而是遵循国民经济核算的基本原理。一方面,SAM 的编制离不开国民经济核算理论与方法;另一方面,用矩阵的形式描述国民经济核算各个部分,是国民经济核算的工具。国民经济核算资料是 SAM 的重要数据来源,可利用 SAM 的内在机理对来自不同渠道的统计数据质量进行评估。

3.2.1　IO 表与 SAM 之间的关系及其数据质量评估

3.2.1.1　IO 表概述

生产过程就是各部门之间相互提供、相互消耗产品的一个投入与产出的过程。投入产出核算与分析就是以适当的国民经济部门分类为基础,把各部门之间的错综复杂的投入与产出数量关系用平衡表呈现,形成投入产出表(Input and Output,简称 IO 表)。IO 表是以产品部门分类为基础,以矩阵的形式,描述和反映国民经济各部门之间在一定时期(通常为一年)的物质、服务投入与产出、投入来源和产出使用去向。IO 表由产出表、投入表和产品部门×产品部门表组成,其中产品部门×产品部门的 IO 表见表 3-8。

由表 3-8 可以看出,产品部门×产品部门表的基本形状为曲尺形,由三部分组成:第一部分为第 I 象限,为中间产品流量,是 IO 表的核心部分。中间投入是主栏,中间使用是宾栏,n 个名称相同、数目一致、排列次序相同的主宾栏由产品部门组成,行列反映了各部门之间基本的投入产出关系[①]。第二部分为第 II 象限,为最终使用流量,反映货物或服务用于各种产品部门最终使用的价值量及其构成。第三部分为第 III 象限,为收入形成的最初投入流量,反映各产品部门增加值的构成情况。第 IV 象限用虚线表示,只是理论上的存在,在理论上应该属于收入分配流量,但很难将收入分配的流量放入第 IV 象限,故空缺,导致 IO 表的基本形状为曲尺形。

---

① 第 i 行表示第 i 产品部门生产的货物或服务提供给第 j 产品部门使用的价值量;第 j 列表示第 j 产品部门在生产过程中消耗第 i 产品部门生产的货物或服务的价值量。

表 3-8　　　　　　　投入产出表（产品部门×产品部门）

投入＼产出		中间使用			最终使用								进口	总产出
		产品部门1	…	产品部门n	中间使用合计	最终消费				资本形成总额				
						居民消费			政府消费	固定资本形成额	存货增加	合计	最终使用合计	
						农村居民消费	城镇居民消费	小计						
中间投入	产品部门1	第Ⅰ象限				第Ⅱ象限								
	…													
	产品部门n													
	中间投入合计													
增加值	劳动者报酬 生产税净额 固定资产折旧 营业盈余 增加值合计	第Ⅲ象限				第Ⅳ象限								
	总投入													

以 IO 表为数据来源进行的核算就是投入产出核算，可以将 IO 核算理解为多部门空间下的 GDP 核算，两者同属生产核算的范畴，IO 表将生产法、收入法及支出法 GDP 三种核算方法集合在一张表上，是 GDP 核算的部门和产品细化。

表 3-8 包含着如下平衡关系：

从投入使用的角度看：

中间投入 = 中间使用

第 i 产品部门总投入 = 第 i 产品部门总产出

从 GDP 三种核算方法（生产法、收入法、使用法）的角度看：

增加值（GDP）= 总产出 − 中间投入

= 劳动者报酬 + 生产税净额

+ 固定资产折旧 + 营业盈余

= 居民消费 + 政府消费 + 固定资本形成

+ 存货净变化 + 净出口

3.2.1.2 IO 表与 SAM 之间的关系

IO 表使用的"表"字指的就是矩阵,也就是说,IO 表是把矩阵方法应用于国民经济核算。SAM 也是将矩阵方法应用账户核算,其中 IO 表的各象限是 SAM 的一个模块,在产品部门分类及顺序一致的基础上,完全可以把 IO 表移植到 SAM 中。

IO 表第 I 象限是各产品部门之间的交易;第 II 象限是居民、政府各个部门消费产品部门提供的最终产品,最终产品一部分用于出口,该象限完整地提供了生产出来的产品的去向;第 III 象限记录了居民、政府和企业因对生产过程贡献而获得报酬,反映了各产品部门创造增加值的总量和结构。除此之外,IO 表没有说明储蓄的使用者和资本形成、国内各机构部门和国外的资金流联系,没有对机构部门,如居民、政府、国外等进行详细的划分,而 SAM 的优势在于弥补了 IO 表的不足。各机构部门之间发生经济交易的收入来源和使用去向可以在 SAM 中全面反映,故 IO 表是编制 SAM 的基本数据来源渠道。根据研究问题的需要,SAM 中的各部门(活动部门、商品部门、产业部门、机构部门)可以按照要求进行部门账户综合和分解,满足研究者个性化需要。在产品部门含义相同、划分相同、排列一致的时候,对按产品分类的 IO 表数值直接转化为 SAM 中的账户元素数值。同时,IO 表的产品部门高度集结,可以用概括性的 SAM 来表示。表 3-9 是以 IO 表形式表示的 SAM。

表 3-9　　　　　以 IO 表形式表示的 SAM

			国内生产活动			机构部门		合计
			1	2	3	4	5	
			商品	活动	要素	国内	国外	
国内生产活动	1	商品	0	T_{12},原材料的使用	0	T_{14},国内最终需求	T_{15},出口	总需求
	2	活动	T_{21},总产出	0	0	0	0	总产出
	3	要素	0	T_{32},要素支出	0	0	0	要素服务总需求

续表

			国内生产活动			机构部门		合计
			1	2	3	4	5	
			商品	活动	要素	国内	国外	
机构部门	4	国内	T_{41},商品间接税和进口关税	T_{42},生产间接税和营业盈余	T_{43},提供的要素服务及政府获得的增值税	T_{44}	T_{45},来自国外的要素收入	在生产过程中的总收入
	5	国外	T_{51},商品和非要素服务的进口	0	T_{53},对国外的要素支出	T_{54}	T_{55}	国内对进口商品和服务的总支出
合计			总供给	总产出	要素服务总供给	商品总支出	国外对国内商品和服务的总支出	

表 3-9 为简化的 SAM，其中包括居民、企业、政府及国外账户的机构部门是账户的集合表示形式。商品账户包括存货变动，从横向看，行和形成总需求；活动账户中起平衡项的是"营业盈余"；要素账户的行（T_{32}）与列（T_{43}、T_{53}）相互对应，从整体上看，该账户平衡一致。

用 T 表示表 3-9 矩阵，则各账户在对应的行列名称相同、个数相同、排列顺序一致的情况下，T 就是一个 SAM；T_{ij} 矩阵表示 T 中的每一个子矩阵，行表示收入，列表示支出，所对应的行和与列和完全相等，即满足（3.1）式：

$$(T - T')i = 0 \tag{3.1}$$

对比表 3-8 与表 3-9，如果表 3-9 去掉 T_{44}、T_{45}、T_{54}、T_{55}，即阴影部分子账户所对应的子矩阵，则表 3-9 就是一张包含商品（活动）和要素的 IO 表。

3.2.1.3 基于 SAM 的统计数据质量评估

1. 评估思路

IO 表是 SAM 的重要数据来源。首先，在编制 IO 表的过程中对统计数据质量进行评估；其次，在 IO 表的矩阵转化为 SAM 相关矩阵的过程中，利用行和与列和相等的原理，对统计数据数据质量进行评估；最后，利用 IO 表转化为 SAM 账户数值过程中评估统计数据质量。

2. 统计数据质量评估

（1）利用编制 IO 表，对第Ⅰ、Ⅱ、Ⅲ现象进行数据的逻辑性检验。国家每逢 2、7 年编制 IO 表，逢 0、5 年编制 IO 延长表，基于 IO 表原理，从 IO 核算中的数据收集、整理到 IO 表的编制，对统计数据数据进行质量检验、逻辑检验、技术检验，对统计数据质量进行评估。利用编制 IO 表，对第Ⅰ、Ⅱ、Ⅲ现象进行数据的逻辑性检验如下：

$$\text{各产品部门的总产出} = \text{各产品部门的中间投入} + \text{各产品部门的最终需求} + \text{各产品部门净流入}$$

各产品部门增加值 = 各产品部门总投入 − 各产品部门中间投入

生产法 GDP = 总投入 − 中间投入

支出法 GDP = 政府与居民的最终消费 + 资本形成总额 + 净流出

收入法 GDP = 固定资本消耗 + 劳动者报酬 + 生产税净额 + 营业盈余

（2）如果把表阴影部分子账户补充完整，则 T 就是一个方阵，但机构部门账户必须要满足（3.1）式，则统计数据质量评估方法为：

①机构部门账户行和与列和相等：

$$(T_{4,4} - T'_{4,4})i + (T_{4,5} - T'_{5,4})i = \text{商品的最终需求} - \text{间接税} - \text{补贴收入}$$
$$- \text{营业盈余} - \text{要素收入} \quad (3.2)$$

其中："要素收入"包括来自于国内和国外两部分要素收入。

②国外账户平衡：

$$(T_{5,4} - T'_{4,5})i + (T_{5,5} - T'_{5,5})i = \text{国外对出口的支出}$$
$$- \text{国外来自进口的收入}$$
$$- \text{国外从国内获得的要素收入} \quad (3.3)$$

有：$(T_{5,5} - T'_{5,5})i = 0$

其中：子矩阵是一个标量。

把"国外"并到发生交易的其他账户，若（3.2）式成立，则（3.3）

式一定成立，符合瓦尔拉斯定律①。所以，(3.3)式要求满足部门行和与列和相等，则表3-8就转化为SAM。若(3.2)式、(3.3)式不成立，说明数据存在逻辑上的错误，就要对专业数据进行质量检验。

(3) 利用IO表转化为SAM账户数值过程中评估统计数据质量。

①SAM中的T_{12}：该矩阵为原材料的使用矩阵，对应IO表第Ⅰ象限，反映了国民经济各部门在生产过程中对产品的消耗水平。第Ⅰ象限主要来自投入产出基层调查数据，通过数据质量评估，可以检验基层各部门提供的中间投入数据的准确性，同时检验产业部门与产品部门的划分是否符合规范，从而提高基层单位的统计数据质量水平。

②SAM中的T_{14}、T_{15}，这两个矩阵反映了产品的最终使用，包括居民消费、政府消费、资本形成总额、出口数据。对应IO表第Ⅱ象限，反映了各产品部门最终需求的构成项。通过数据质量评估，可以检验居民家计调查数据、政府部门统计数据、固定资产投资统计数据、内外贸易统计数据的准确性或误差范围。

③SAM中的T_{41}、T_{42}、T_{43}，这些矩阵是从收入的角度反映GDP的构成项，对应IO表的第Ⅲ象限，涉及投入产出调查的国民经济核算统计专业数据、服务业统计数据、人口就业数据、税务机关统计数据及企业营业盈余等数据，通过是否满足平衡关系的统计数据质量评估，检验各专业统计数据质量。

3.2.2　SNA账户与SAM之间的关系及转化中的数据质量评估

3.2.2.1　SNA账户与SAM之间的关系

SAM是一定时期一个国家或地区国民经济账户体系的矩阵集合。1968年SNA通过账户与矩阵相结合，1993年SNA核算中，供给和使用表（SUT）、综合经济账户（IEA）和各种三方交叉分类表是其核心框架，中心

---

① 瓦尔拉斯定律：对于任何$n \times n$方阵T来说，如果个$n-1$账户实现了平衡，则剩余的1个账户自然平衡。

框架为各账户组成的内容。我国的 SNA 由基本表核算、国民经济账户和附属表组成，其中国民经济账户由经济综合账户、国内机构部门账户和国外部门账户三部分组成。其中经济综合账户的内容由机构单位和部门、经济交易、资产负债及与国外部门一起构成账户序列，主要包括生产账户、收入初次和再分配账户、收入使用账户、资本账户、金融账户和资产负债账户等。

我国国民经济账户对五大基本核算表进行整合，如图 3 – 6 为我国国民经济账户体系组成部分，由此可以看出，宏、微观经济活动主体的经济行为及经济运行过程用账户的形式得到记录。

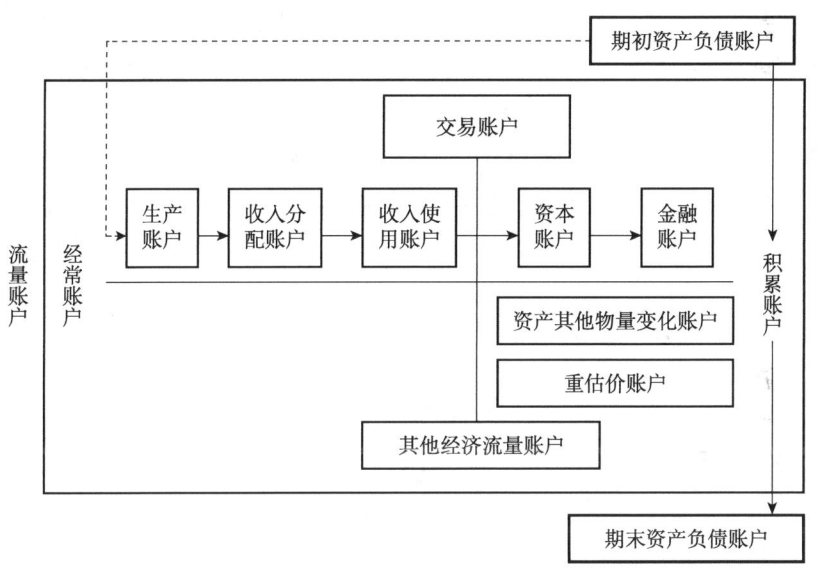

图 3 – 6　国民经济账户体系组成

由图 3 – 6 可以看出，流量账户和存量账户组成了我国国民经济账户体系。经常账户和积累账户为流量账户，记录当期交易主体发生的经济活动；资产负债账户为存量账户，记录了一定时期经济活动的资产负债的存量，刻画了宏微观经济从"生产—分配—消费—投资"的运行过程，其中起点和终点均为资产负债存量。

如果把图 3 – 6 流量账户和存量账户中对应的各账户进行适当的分类和

联结，依次按照从生产到积累的经济活动过程进行排列，形成主栏（行）宾栏（列），就会成为矩阵表，该矩阵表为棋盘式表格，已经具备 SAM 的雏形，用矩阵表的方式描述经济核算的内容得以实现，形成了经济主体发生的经济交易流量的核算矩阵，其中矩阵中的每一个非空元素形成子矩阵，可根据资料的可获得程度和研究目的进行扩展，见表 3-10。

由表 3-10 可以看出，反映经济交易流量的核算矩阵的左端第一部分由产品部门、活动账户组成，与宏观 SAM 完全对应；第二部分由收入形成、初次收入分配、二次收入分配、收入使用账户组成，与 SAM 机构部门的收入分配过程相对应；第三部分为积累账户，对应于 SAM 的固定资本形成和存货变化；第四部分为国外账户，对应于 SAM 的国外机构部门。可以看出，SAM 与宏观经济账户基本概念内涵一致，它们之间在一个一致、统一的框架下，通过交易主体的市场交易、转移支付、金融交易活动，国民经济账户在 SAM 中得一实现。另外，经济账户和 SAM 在矩阵分解、扩展方面两者共通，集中和突出地表现宏观经济某些环节或侧面的状况，可以机动灵活地供经济分析使用。

3.2.2.2 基于 SAM 的统计数据质量评估方法

1. 评估原理

利用复式记账的原理，SAM 将国民经济核算体系中各账户所代表交易主体的交易活动（表现为市场交易、转移支付、金融交易）形成的收支关系用矩阵表形式来呈现，每一张矩阵表表示为一个平衡等式，如果不满足评估平衡式，就要结合矩阵及其在 SAM 中的相对位置，对统计数据质量做出评估。

2. 评估平衡式

一个账户就是一个平衡表，如表 3-10，根据国民经济账户体系与 SAM 之间的对应关系，以账户平衡项代表的宏观经济总量，不同的国民经济账户总量和 SAM 中的账户联系在一起，形成相互推导链条的平衡式，以期对统计数据进行逻辑检验、技术检验。主要包括以下 11 个方面的数据评估平衡式：

表 3-10　　　　　　　　经济交易流量的核算矩阵

账户		(1)	(2)	(3)	(4)	(5)	(6)	(7)	(8)
0 生产：产品	(1)				中间消耗		最终消费支出	固定资本形成和存货变化	
Ⅰ1.1 生产：活动	(2)	国内销售							来自国外的净雇员补偿
Ⅱ1.1 收入形成	(3)		国内产品						来自国外的净财产收入
Ⅱ1.2 初次收入分配	(4)	净产品税		收入形成	财产收入				来自国外的净经常转移
Ⅱ2 二次收入分配	(5)				国民收入	经常转移			
Ⅱ4 收入使用	(6)					可支配收入			
Ⅲ积累	(7)						储蓄	资本转移	
Ⅳ国外	(8)	进口					经常外部盈余		
合计		供给	活动投入	收入形成	收入分配	收入再分配	收入使用	资本支出	对外经常账户流量

（1）由生产账户可得平衡式：

$$国内生产总值 = 总产出 - 中间消耗$$

（2）由收入形成账户和初次收入分配账户并结合国外账户可得平衡式：

$$国内生产总值 = 劳动者报酬 + 生产税净额 + 固定资本消耗 + 营业盈余净额$$

$$国民总收入 = 国内生产总值 + 来自国外的要素收入净额$$

(3) 由收入再分配账户结合国外账户可得平衡式：

　　国民可支配收入 = 国民总收入 + 来自国外的经常转移净额

(4) 由（2）及（3）可以推出：

　　国内生产总值 = 国民可支配收入 − 来自国外的要素收入净额

　　　　　　　　 − 来自国外的经常转移净额

(5) 由收入使用账户可得平衡式：

　　国民可支配收入 = 最终消费支出 + 总储蓄

(6) 由资本账户及其与金融账户的关系可得平衡式：

　　净贷出（净借入）=（总储蓄 + 资本转移净额）

　　　　　　　　　 −（资本形成 + 非生产资产净获得）

　　　　　　　　 = 金融资产净获得 − 负债净增加

　　　　　　　　 = 金融净投资

(7) 由货物服务账户并结合生产账户的等式关系可得平衡式：

　　国内生产总值 = 总产出 − 中间消耗

　　　　　　　　 = 最终消费 + 资本形成

　　　　　　　　 + 货物服务出口 − 进口

(8) 由国外部门货物服务账户和原始收入经常转移账户可得平衡式：

对外经常交易差额 = −（来自国外的要素收入净额 + 来自国外的经常转移净额

　　　　　　　　 + 货物服务净出口）

(9) 由国外部门资本账户和金融账户可得平衡式：

对外净贷出（净借入）= 对外经常交易差额 + 来自国外的资本转移净额

　　　　　　　　　 − 对国外无形非生产资产交易净支出

　　　　　　　　　 = 对外金融资产净获得 − 对外负债净发生

(10) 由（4）、(5)、(6) 得平衡式：

　　总储蓄 − 资本形成 = 货物服务净出口 + 来自国外收入净额

　　　　　　　　　　 + 来自国外的经常转移净额

　　　　　　　　　　 = 对外经常交易差额

第 3 章　基于国民经济核算的 SAM 及其宏观统计数据质量评估

（11）由资本账户并结合国外账户可得平衡式：

净贷出/净借入 = 总储蓄 − 资本形成 + 来自国外的资本转移净额

　　　　　　　− 对国外非生产资产交易净支出

　　　　　　 = 对外经常交易差额 + 对外资本交易差额

　　　　　　 = 对外金融资产净获得 − 对外负债净发生

3.2.3　其他核算资料在 SAM 中的数据质量评估

3.2.3.1　评估思路

SAM 的优势在于整体而系统地反映宏观经济的交易活动，宏观经济的主要运行过程能用一张 SAM 呈现。从这个角度看，SAM 不仅是经济核算的组织方法，而且是一个数据集合系统，在组织不同来源数据的过程中，把数据归属于不同的 SAM 账户，每个账户及账户之间要保持平衡，用平衡表方式表达账户反映的各子系统平衡，故 SAM 是一个数据衔接系统，在保持平衡的过程中，对宏观统计数据质量进行平衡性评估。

在编制 SAM 过程中，不仅需要 GDP 核算数据、IO 表数据、资金流量表、国际收支表数据、资产负债表数据，还需要其他核算资料作为数据来源，主要包括全国（地方）统计年鉴、海关统计年鉴、劳动统计年鉴、财政年鉴、人口普查资料、1% 人口抽样调查数据、税务统计年鉴、金融统计年鉴等。这些来源的统计数据单独使用时很难发现问题数据，而一旦来自不同部门的数据被整合到 SAM 框架中，则数据之间的矛盾问题就很容易被识别出来。因此，可利用不同渠道的数据编制 SAM 的过程中，保持各项账户平衡，完成对宏观经济统计数据质量评估。

3.2.3.2　统计数据质量评估

1. 交易平衡评估

SAM 中的交易有市场交易、转移支付、金融交易活动。在交易活动中，活动账户和商品账户、商品账户与各机构部门、生产账户与要素账户之间保持交易平衡，最终体现为某一账户的收入，必然通过市场交易、转移支付、金融交易活动的另外一个或几个账户的支出来实现，根据供需平衡原理，各类交易必然在内部保持平衡,并以此平衡对不同来源的统计数据进行评估。

2. 部门平衡评估

SAM 中的机构部门账户包括四类经济主体,即居民、企业、政府和国外,这些机构部门的收入来自于生产部门支付的要素报酬、机构部门之间的直接转移以及其他间接转移,如政府部门获取的各种间接税。SAM 机构部门的收入来自于对应的各机构部门的支出,包括机构部门之间的直接转移和对产品的消费支出,剩余的收入成为各机构部门的储蓄,利用各部门收支平衡,评估实践中各专业部门的统计数据质量。

3. 整体平衡评估

从核算的对象看,SAM 具有总体性。SAM 把不同经济行为者和机构的账户集结在一起,不管 SAM 包含的账户有多少,总是以矩阵式、单式记账形式反映复式记账的内容,账户每一行的总和与其相应列的总和总是相等的,SAM 整体上保持特定时空上的平衡,也反映了各账户经济收支或流量存量间的平衡,从而利用 SAM 的整体平衡性,对不同来源的数据进行统计数据质量评估。

第4章 基于 SAM 编制过程的宏观统计数据质量评估

SAM 的数据来源包括官方统计资料、调查资料、推算和账户结余项等，编制过程是一个对数据收集、归纳、分析、填充、检验和调整的过程，这些来源渠道不一的数据以复式记账的形式被整合到统一的矩阵表中，各级账户中的"问题数据"就很容易显现出来。在这个意义上说，在 SAM 编制过程中，完成了对社会经济核算数据和各类统计资料的一次纵览和校验，为各类统计资料的账户整合与校准提供了可能，对于进一步改进和完善统计数据质量有重要的现实意义。

4.1 基于 SAM 构建的宏观统计数据质量评估

4.1.1 SAM 构建方法中的统计数据质量评估

实际 SAM 的构建方法常用的主要有两种：一是自上而下法（Top – Down），二是自下而上法（Down – Top）。

4.1.1.1 Top – Down 法及统计数据质量评估

Top – Down，即先综合总量账户数值，再分解总量账户数值，该方法强调数据的前后一致性。一般来说，SAM 构建的起点为综合的国民经济核算资料，每个账户的总量数据或者次级账户总量数据来自于国民经济核算资料和其他资料，一般比较容易得到。Top – Down 法就是先综合得到账户总量数据，根据账户划分程度，对总量数据按照子账户进行分解，就可以得到细化的 SAM。因此，具体应用 Top – Down 法构建 SAM 时，首先需要编制出宏观 SAM；其次，按照编制 SAM 的目的，将宏观 SAM 某些账户分解为子账户，则宏观 SAM 账户数值就成为控制项，此控制项用于推算和检验其他细化子账户科目的数值，提高统计数据质量的准确性。

4.1.1.2 Down – Top 法及统计数据质量评估

与 Top – Down 法相反，Down – Top 法为在子账户数值分解的基础上进行综合，该方法强调数据的准确性。由于 SAM 的账户元素数值来源渠道不同，调查资料也属于编制 SAM 部分账户的数据来源，在 SAM 细化表的编制中，部分子账户要利用调查数据。因此，按照账户内涵和账户之间的关联程度，需要对来源不同的数据进行必要的子账户分类，然后再汇总成上一级账户数值。在具体应用该方法时，首先在 SAM 细化表中求得次级账户相应的数值，再在求得次级账户数值的基础上，综合各次级账户，求得分类形成的 SAM 各宏观账户的数值。利用 Down – Top 法编制 SAM，利用现有的资料，强调从分量到总量的"演绎"过程，充分利用约束条件，利用较少的信息构建 SAM，是由子账户分量数据决定上级账户总量数据，而不是由账户总量决定子账户分量数据。因此，SAM 编制过程中可以利用行和与列和相等的约束条件检查和修订国民经济核算总量指标，如果出现账户不平衡现象，则对基础数据进行检验，直到基础数据得到改善，以此不断提高统计数据质量。

4.1.1.3 Top – Down 与 Down – Top 法的应用选择

在编制 SAM 时采用 Top – Down 法还是 Down – Top 法，要根据实际掌握的国民经济核算资料及基础资料的完整性和一致性做出判断。如果国民经济核算资料比较健全，适合采用 Top – Down 法，反之，适合采用 Down – Top 法。

SAM 编制的关键在于数据的准确性、可获取性和适用性。国内外学者关于采用何种方法编制 SAM，争论较多，目前没有定论。各国利用 Top – Down 法编制 SAM 的较多，因为 Top – Down 法容易与现行的 SNA 紧密联系，编制中由于先利用总量数据，再分解总量，工作量比 Down – Top 法要少。在许多发展中国家，国民经济账户核算结果不一定十分可靠，调查数据往往能提供真实可靠的信息，也是改进宏观核算的重要数据，编制 SAM 常采用 Down – Top 法，但如果按照此法编制 SAM，行账户和列账户一般不平衡。笔者认为，应该在不同账户或子账户编制过程中把 Top – Down 法和 Down – Top 法结合运用。当 SAM 中用到的国民经济核算总量数据，或者对应的需要细化的账户作为控制总量，适合采用 Top – Down 法；而对于反映居民家庭、企业等微观主体行为的数据、调研得到的数据或者某些需要推断的账户数据，适合采用 Down – Top 法综合成上级账户数值。实践中，最终形成的账户数值往往不平衡，为提高统计数据质量，可在该账户下设置"误差"作为余项。

4.1.2 SAM 构建过程中的宏观统计数据质量评估

SAM 的构建过程是对国民经济核算资料和各类统计数据的总览和校验，编制的过程也是对统计数据质量审查、校正的过程。SAM 编制中的统计数据质量审查、校正见图 4 – 1。

图 4 – 1 描述了构建 SAM 的基本步骤及其构建过程中进行统计数据质量审查的基本框架。第一，确定编制 SAM 的目的。编制目的要满足用户的需要，无论是国家为了编制反映宏观 SAM 的社会经济账户总量和结构，还是在此宏观 SAM 基础上突出居民、企业等微观主体。研究目的决定着账户设置什么和细化程度如何。当然，研究目的最终都是为了满足用户需求，首先判断用户需要什么，然后编制者才能决定怎么编制。第二，初步浏览主要社会经济核算数据，根据研究目的和需要，从相关统计核算资料中找到可以利用的数据。第三，设置宏观 SAM 框架，进行结构设计和账户划分。第四，依据账户划分结果，查找宏观账户数据来源。最基本的数据来源有：国民经济核算数据、国家或地区 IO 表、政府预算数据、住户调查数据、国际贸易统计数据及职能部门的统计数据。查找统计数据的过程中，要不断审查和调

整统计数据质量，对宏观账户不平衡项的误差数据查根寻源。在这里，账户数据来源和账户数据审查同时进行，确证宏观 SAM 总体账户的行和与列和平衡。第五，如果宏观 SAM 中某些账户数值误差较大，利用 RAS、CE 法等账户平衡方法进行技术层面的调整，再次评估统计数据质量和查询数据误差来源。第六，根据研究目的及其数据的可获取性，对宏观 SAM 账户设置反映需要的子账户，进行账户细化。第七，寻找细化子账户的具体数值，如果采用 Down – Top 法编制 SAM，在寻找子账户数据的同时，要以宏观 SAM 总量账户数值作为控制项，对子账户元素数值进行质量审核。第八，和宏观 SAM 一样，细化 SAM 编制中对不平衡项或误差项也需要利用账户平衡技术进行处理，这个过程也是统计数据质量评估的过程。第九，得到各宏观账户及其子账户行和与列和平衡的细化 SAM 最终结果。

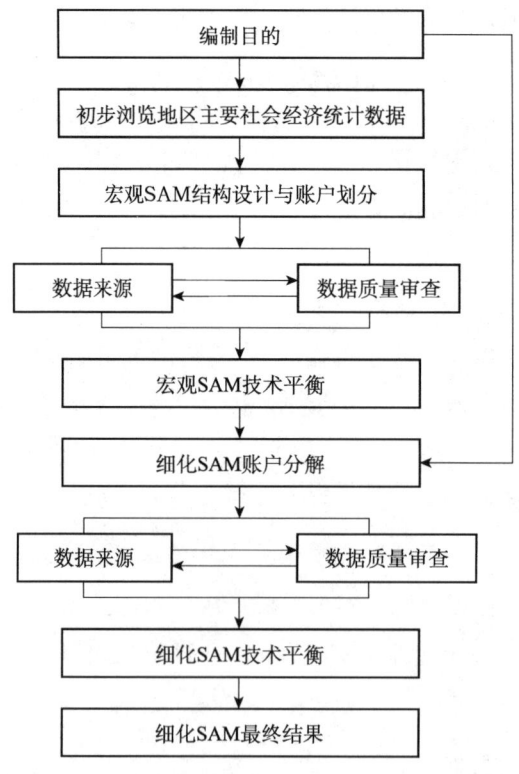

图 4-1　建立 SAM 及数据质量审查的基本框架

4.2 基于SAM账户复式记账的宏观统计数据质量评估

4.2.1 统计数据质量评估的基本原则

4.2.1.1 收支平衡原则

SAM是一个反映研究对象封闭的经济系统。从经济学的角度看，无论是宏观账户还是细化SAM账户，SAM每一笔账户流量收入都有与其相对应的一个账户或者几个账户流量支出，存量账户每一笔资产都有与其对应的一个账户或者几个账户的负债。SAM各账户的收支平衡应从账户内涵角度把握，并不是账户收入从哪儿来，其支出就一定要用到哪儿去。在居民账户中，居民的收入来源于劳动者报酬、资本收益、政府的转移支付、企业的转移支付，这些收入分别对应于SAM的要素账户、政府账户、企业账户；居民的支出主要用途有居民消费商品和服务、支付政府的直接税费和结余部分的储蓄，分别对应于SAM的商品账户、政府账户和资本账户。所以，从总量上来讲，居民账户总收入和总支出一定相等，但是居民收入和支出的账户并不是完全对应，当然，其他账户也是如此。收支平衡原则，是编制SAM遵循的评估统计数据质量的最基本的原则。

4.2.1.2 矩阵式平衡原则

矩阵式平衡原则，即其SAM账户主栏和宾栏账户分组和排列顺序完全一致，一个账户列在表的左方，另一个账户列在表的右方，SAM表中交易主体通过交易活动形成的交易数值反映了账户复式平衡表的内容，是综合形式的账户式平衡，交易数值能清楚地表示交易主体的交易项目来源和去向。矩阵平衡表式是SAM账户式平衡表基础上的高级矩阵式平衡表，是核算的综合形式，矩阵表账户数值通过账户之间的收支关系反映，且遵守矩阵式统计平衡原则，故该原则是统计数据质量评估的基本原则。在编制SAM的过程中，按照经济活动过程组织及排列各类账户，就能合乎逻辑地展现出不同账户之间的有机联系以及整个账户体系的内在结构，突出了账户之间的逻辑关联和平衡关系，据此作为评价统计数据质量的有效手段。

4.2.2 总体账户及结构设计

4.2.2.1 总体账户设计

根据社会经济流量的特点，SAM 编制的目的一方面要反映社会经济结构和各部门之间的联系，另一方面是作为构建模型（如乘数模型、CGE 模型）的基础数据集。SAM 的用途不同，结构设计一般也不同，因此对每一个具体的 SAM，没有固定的编制结构和模式，其账户设计也不同。一般编制国家层面的宏观 SAM 主要参照国家实施的 SNA 和数据的可获得性程度，设计反映社会经济流量的实体账户[①]，同时在编制过程中，宏观经济主要指标要通过账户体系的设计来实现。基于我国 SNA、数据的可得性及评估统计数据质量的目的，在这里，除汇总账户外，宏观 SAM 主要设计 13 个账户，见表 4-1。

表 4-1　　　　　　宏观 SAM 账户设计

1. 商品	8. 预算外账户
2. 活动	9. 政府
3. 要素 - 劳动力	10. 国外
4. 要素 - 资本	11. 资本账户
5. 居民	12. 存货变动
6. 企业	13. 汇总
7. 政府补贴	

4.2.2.2 结构框架设计

将表 4-1 各账户集结汇总，形成反映宏观经济主要交易活动的描述性宏观 SAM，见表 4-2。

---

① SAM 中的账户可以分为实体账户和金融账户，简单的 SAM 通常不涉及金融账户，即金融资产、负债类的账户。

第4章 基于SAM编制过程的宏观统计数据质量评估

表4-2 描述性宏观SAM

		1 商品	2 活动	3 要素 劳动力	4 要素 资本	5 居民	6 企业	7 政府补贴	8 预算外	9 政府	10 国外	11 资本账户	12 存货变动	13 汇总
1	商品		中间投入			居民消费			公共部门自筹消费	政府消费	出口	固定资本形成	存货净变动	总需求
2	活动	国内总产出												总产出
3	要素 劳动力		劳动者报酬											要素收入
4	要素 资本		资本收益											要素收入
5	居民			劳动收入	资本收益		企业转移支付			政府的其他支付	国外收入			居民总收入
6	企业				资本收益									企业总收入
7	政府补贴		生产补贴							政府补贴				
8	预算外		预算外收费											预算外总收入
9	政府		生产税			个人所得税	企业直接税	政府补贴	预算外结余		国外收益	政府的债务收入		政府总收入
10	国外	进口税			国外资本投资收益					对国外的支付				
11	资本账户					居民储蓄	企业储蓄		预算外结余	政府储蓄	国外净储蓄			总储蓄
12	存货变动											存货变动		存货净变动
13	汇总	总供给	总产出	要素支出	要素支出	居民支出	企业支出		预算外支出	政府支出	外汇收入	总投资	存货净变动	

4.2.3 宏观 SAM 的账户数值来源及其数据质量评估

SAM 刻画了一个经济整体，SNA（包括 GDP 表、IO 表、实物和金融交易资金流量表、国际收支平衡表和资产负债表）和国民经济账户总量数据是宏观 SAM 账户主要数据来源，同时还用到了居民家庭调查、经济普查、人口普查、公共财政等数据资料。这些数据被整合到统一的 SAM 框架中，宏观经济统计数据之间的不一致及其存在的数据质量问题就会凸显出来。SAM 也可划分为相对独立的子矩阵，非零子矩阵表现为社会经济的各类交易，填充完整各个子矩阵时，各个非零子矩阵之间的核算与其他账户统计数据的一致性问题就会出现，直接决定 SAM 的编制质量。因此，编制 SAM 的过程，也是对账户及其设计的子矩阵统计数据搜集、梳理和整合的过程。先把宏观 SAM 中各账户用复式记账表示出来，然后把搜集、整合后的数据填充到账户中，再在编制过程中，不断修正、完善和评估统计数据质量。

4.2.3.1 商品账户

1. 账户表示

商品账户反映国内市场上商品的总需求与总供给，在表 4-2 中为第 1 行和第 1 列，复式记账形式见表 4-3。

表 4-3　　　　　　　　　商品账户

总供给	总需求
国内总产出	中间投入
进口	最终消费
进口关税	居民消费
	政府消费
	公共部门自筹消费
	出口
	资本形成
	固定资本形成
	存货净变动
合计	合计

2. 数据来源

（1）直接获取的数据。直接来自于 IO 表的数据有：中间投入、包括农村和城镇居民的居民消费、固定资本形成、存货净变动。

（2）整理的数据。政府消费数据需要整理。在中国财政年鉴中，有"国家财政预算、决算收支总表"，包括三类支出科目："政府经常性开支""地质勘探费""国家安全支出"，汇总这三项，即为政府消费数据。公共部门自筹消费数据为 IO 表中的"政府消费①"与"政府预算内支出"的差额（表现为"政府经常性开支""国家安全支出""地质勘探费"三大类支出构成）。进口、出口分商品进出口和服务进出口。商品贸易的数据来自于海关的进口、出口数据，服务贸易的数据来自于 IO 表除了商业部门、运输部门之外的其他部门的数据。进口关税包括进口关税及海关代征进口消费税、增值税，两者数据均来自于中国财政年鉴中的"国家财政预算、决算收支总表"。

3. 数据质量评估

（1）IO 表中的"政府消费"是地方政府消费、中央政府消费、公共部门自筹经费三项的总和，若整理后数据中的"政府消费"大于 IO 表中的"政府消费"，表明该统计指标数据存在准确性问题。

（2）比较 IO 表中"出口"与海关统计"出口"的数据差异，进一步判断统计数据的准确性。IO 表中的出口数据是通过海关出口数据换算而来的，即将海关统计的离岸价格转化为生产者价格得到出口数据，再从中扣除商品流通费用。海关数据与 IO 表数据差额中包括商业部门和运输部门为商品出口提供的服务——若差额为负值或者零，说明检验中数据违背了它们之间所存在的特定的逻辑关系，说明统计数据质量存在问题。因此，若商品出口采用海关数据，应该相应减去商业部门和运输部门的出口。一般首先扣除商业部门的出口，再扣除运输部门的出口，因为 IO 表中的运输部门出口数据不

---

① 在 IO 表中的"政府消费"是地方政府消费、中央政府消费、公共部门自筹经费三项的总和。

仅包括为出口商品提供的国内运输、国外运输，还包括为进口商品提供的国外运输。

（3）根据商品账户复式记账和账户收入来源与收支平衡原理，单独核算复式记账的商品账户，如果国内市场总需求不等于国内市场总供给，说明左右两端的账户元素数值存在准确性的统计数据质量问题。

4.2.3.2　活动账户

1. 账户表示

活动账户反映国内厂商生产活动的总投入和总产出，在表 4-2 中为第 2 行和第 2 列，复式记账形式见表 4-4。

表 4-4　　　　　　　　　　活动账户

总投入	总产出
中间投入	国内总产出
要素投入	
劳动者报酬	
资本收益	
生产税净额	
政府生产补贴	
政府生产税	
预算外收费	
合计	合计

2. 数据来源

（1）直接获取的数据。来自于 IO 表中数据有：国内总产出、劳动者报酬、资本收益。

（2）整理的数据。总投入中生产税净额数据为生产税减去生产补贴，是政府征收的生产税（预算内生产税）、生产补贴和预算外收费三项之和。其中政府生产税为财政年鉴中"国家财政预算、决算收支总表"中的消费税、增值税、营业税、资源税等各项生产税汇总；生产补贴为财政年鉴中"国家财政预算、决算收支总表"的粮棉油补贴、企业亏损补贴以及出口

第4章 基于SAM编制过程的宏观统计数据质量评估

退税。

3. 数据质量评估

（1）SAM中的劳动者报酬与IO表、资金流量表中的劳动者报酬进行比较，看数据是否一致，如果两者差异很大，就要分析其原因。一是IO表中，废品及废料部门的列向只有营业盈余，为了合理反映其投入结构，将其营业盈余的一半列为劳动者报酬，从而导致SAM中的劳动者报酬与IO表中的劳动者报酬不一致；二是联系资金流量表中支付部门劳动者报酬结构比例，测算劳动者报酬的主要来源，从而评估其统计数据质量。

（2）将SAM中生产税净额与当年的资金流量表中的生产税净额进行比较，看数据是否一致，查找存在的问题来源。注意资金流量表中的生产税净额是按照机构部门分类进行计算，而IO表中是按照产品部门分类计算。

（3）资金流量表（实物交易）中的"机构部门增加值"合计和投入产出表"最初投入"合计不相等，且后者与年鉴中公布增加值总量不相等。由于核算角度不同，资金流量表采用的是"机构部门"，而IO表采用的是"产品部门"，故这两种来源的增加值往往存在差异。在SAM编制及质量评估中，均以调整投入产出核算数据来实现数据平衡衔接。

（4）SAM资本收益账户为IO表中的固定资产折旧和营业盈余之和。

（5）根据活动账户复式记账和账户收入来源及账户收支平衡原理，单独核算复式记账的活动账户，如果国内市场总投入不等于国内市场总产出，说明左右两端的账户元素数值存在统计数据质量的准确性问题。

4.2.3.3 要素账户

1. 账户表示

要素账户包括国内厂商生产活动中的两种要素"劳动力"和"资本"，对这两种要素的支出和收入综合核算，在表4-2中为第3、第4行与第3、第 4 列，复式记账见表 4-5。

表 4-5　　　　　　　　　　　要素账户

支出	收入
劳动收入	劳动者报酬
资本收益的分配	资本收益
居民的资本收益	
企业的资本收益	
国外的投资收益	
合计	合计

2. 数据来源

（1）直接获取的数据。直接来自于 IO 表的数据有：劳动收入（IO 表称为劳动者报酬）、资本收益。

（2）整理的数据。居民的资本收益数据来自于资金流量表（实物部分）中的居民部门财产收入，具体包括利息、红利及其他。国外的投资收益数据来自于资金流量表（实物部分）的"国外部门财产收入"，即净收益为借方与贷方之差。企业的资本收益数据为资本收益减去居民的资本收益、国外的投资收益。

3. 数据质量评估

（1）对资本要素收入的分配，包括对国内居民和国外投资者的利润分配，剩下的作为企业留存收益（含税）。其计算方法有两种：一种是在资本账户下进行分配；另一种是先全部分配给企业，然后再分配给居民、国外投资者及留存于企业。这两种计算的形式表现不同，但所反映的经济实质是一样的。因此，这两种方法计算的结果是否相等，作为评估统计数据质量的手段。

（2）根据要素账户复式记账和账户收入来源与使用平衡原理，单独核算复式记账的要素账户，如果国内市场要素收入合计不等于国内市场要素支出合计，说明左右两端的账户元素数值存在统计数据质量的准确性问题。

4.2.3.4 居民账户

1. 账户表示

居民账户核算居民的各种收入来源、支出项目，收入与支出的结余为居民储蓄，在表4-2中为第5行、第5列，复式记账形式见表4-6。

表4-6　　　　　　　　　　　　居民账户

支出	收入
居民消费	劳动收入
个人所得税	居民的资本收益
居民储蓄	企业对居民的转移性支付
	政府对居民的价格补贴
	政府对居民的其他转移性支付
	居民的国外收益
合计	合计

2. 数据来源

（1）直接获取的数据。劳动收入数据在要素账户中已经得到结果，表现为要素账户的"劳动收入"。居民的资本收益数据在要素账户中已经得到结果，表现为要素账户中的"居民的资本收益"。个人所得税数据来自于中国税务统计年鉴中的"分地区税种入库情况表"。居民储蓄数据来自于资金流量表中的"住户部门的总储蓄"。

（2）整理的数据。政府对居民的价格补贴数据来自于财政年鉴"国家财政预算、决算收支总表"中的平抑物价和储备粮补贴、其他价格补贴、调整肉价增加补贴三项之和。政府对居民的转移性支付数据来自于财政年鉴"国家财政预算、决算收支总表"中政府给居民的价格补贴、抚恤金、社会救济费、对居民的利息支付（包括国债）。居民的国外收益数据来自于"国际收支平衡表"经常转移中的其他部门的净收益。企业对居民的转移性支付数据为余项数据。

3. 数据质量评估

（1）用支出方合计减去收入方中的劳动收入、居民的资本收益、居民的国外收益后的差值作为控制值,判断加工整理后的对居民的转移和价格补贴数据是否与此一致,若不一致,分析各项转移支付的比例是否符合实际,从而判断统计数据质量的准确性。

(2)根据居民账户复式记账和账户收入来源与使用平衡原理,单独核算复式记账的居民账户,如果居民收入合计不等于居民支出合计,说明左右两端的账户元素数值存在统计数据质量的准确性问题。

4.2.3.5 企业账户

1. 账户表示

企业账户的收入表现为企业的资本收益,支出为企业对居民的转移支付、向政府缴纳的直接税费和企业储蓄,在表 4-2 中为第 6 行和第 6 列,复式记账形式见表 4-7。

表 4-7　　　　　　　　　　企业账户

支出	收入
企业对居民的转移支付	企业的资本收益
向政府缴纳的直接税费	
企业储蓄	
合计	合计

2. 数据来源

(1)直接获取的数据。企业的资本收益数据在要素账户中已经得到结果,为要素账户中的"企业资本收益"。企业对居民的转移性支付数据在居民账户已经得到结果,为居民账户中的"企业对居民的转移支付"。

(2)整理的数据。向政府缴纳的直接税费数据是财政年鉴"国家财政预算、决算收支总表"中有关数据的汇总,具体包括:各项税收、基本建设贷款归还收入、国家土地所有权有偿出让收入、教育费附加收入、其他收入(不包括个人所得税和向国外的转移)。

企业储蓄作为资本账户的平衡项已经得到结果。

3. 数据质量评估

(1)企业储蓄数值在这里作为余项处理,即企业储蓄 = 企业的资本收益－企业对居民的转移支付－向政府缴纳的直接税费。企业储蓄数据也可通过中国人民银行公布的总储蓄数据减去居民、政府、国外机构部门储蓄数据得到。如果该数据与作为账户余项元素的企业储蓄数据不一致，说明作为余项数据的企业储蓄数据存在准确性的统计数据质量问题。

（2）根据居民账户复式记账和账户收入来源与使用平衡原理，单独核算复式记账的企业账户，如果企业收入合计不等于企业支出合计，说明左右两端的账户元素数值存在统计数据质量的准确性问题。

4.2.3.6 政府补贴账户

1. 账户表示

政府补贴账户核算与政府有关补贴的来源和运用，在表4－2中为第7行和第7列，复式记账形式见表4－8。

表4－8　　　　　　　　　政府补贴账户

支出	收入
企业从政府获取的生产补贴	政府的补贴支出
居民从政府获取的补贴	
合计	合计

2. 数据来源

支出方账户数据与前述企业账户"企业从政府获取的生产补贴"数值、居民账户"居民从政府获取的补贴"数值相等，但符号相反。

政府的补贴支出具体包括政府对居民的价格补贴和对生产的补贴，其中政府对居民的价格补贴来自于居民账户，数据来源于财政年鉴"国家财政预算、决算总表"，企业从政府获取的生产补贴数据在活动账户中已经得到结果。

3. 数据质量评估

根据政府补贴账户复式记账和账户收入来源与使用平衡原理，单独核算复式记账的政府补贴账户，如果政府补贴收入合计不等于政府补贴支出合计，说明左右两端的账户元素数值存在准确性的统计数据质量问题。

4.2.3.7 预算外账户

1. 账户表示

预算外账户主要核算政府一般预算收入之外的其他收支情况,预算外账户收入来源是对企业的预算外收费,支出表现为公共部门的自筹消费,预算外收费与公共部门自筹消费二者的差额为预算外账户储蓄,预算外账户储蓄是固定资本投资的主要来源。预算外账户在表4-2中为第8行和第8列,复式记账形式见表4-9。

2. 数据来源

(1) 直接获取的数据。预算外收入数据在活动账户中已经得到结果,其数值来自于活动账户中的"预算外收费"。公共部门自筹经费数据在商品账户中已经得到结果,其数值来自于商品账户中的"公共部门自筹消费"。

(2) 余项数据:预算外账户储蓄。

表4-9   预算外账户

支出	收入
公共部门自筹经费	预算外收费
预算外账户储蓄	
合计	合计

3. 数据质量评估

根据预算外账户复式记账和账户收入来源与使用平衡原理,单独核算复式记账的预算外账户,如果预算外账户收入合计不等于预算外账户支出合计,说明左右两端的账户元素数值存在统计数据质量的准确性问题。

4.2.3.8 政府账户

1. 账户表示

政府账户内容与政府的财政决算密切相关,反映了政府的收支状况,在表4-2中为第9行和第9列,复式记账形式见表4-10。

第4章 基于 SAM 编制过程的宏观统计数据质量评估

表 4-10　　　　　政府账户

支出	收入
政府消费	进口税收
政府的补贴支出	各种生产税
政府对居民的其他支付	个人所得税
政府对国外的支付	企业直接税费
政府储蓄	政府的国外转移收入
	政府的债务收入
合计	合计

2. 数据来源

（1）直接获取的数据。收入方：进口税收来自于商品账户，各种生产税来自于活动账户，个人所得税来自于居民账户，企业直接税费来自于企业账户。政府的国外转移收入数据来自国际收支平衡表，即经常转移中的各级政府的转移收入。政府的债务收入数据来自于财政年鉴中的"国家财政预算、决算收支总表"中的债务收入。

支出方：政府消费数据来自于商品账户，政府的补贴支出数据来自于政府补贴账户，政府对居民的其他支付数据来自于居民账户。政府对国外的支付数据来自于财政年鉴"国家财政预算、决算收支总表"中的对外援助支出和国外借款还本付息支出。

（2）余项数据。政府储蓄。

3. 数据质量评估

（1）政府储蓄数值在这里作为余项处理，即政府储蓄＝政府的各项收入－政府消费－政府的补贴支出－政府对居民的其他支付－政府对国外的支付。政府储蓄数据也可通过中国人民银行公布的总储蓄数据减去居民、企业、国外机构部门储蓄数据得到。如果该数据与作为账户余项元素的政府储蓄数据不一致，说明作为余项数据的政府储蓄数据存在准确性的统计数据质量问题。

（2）根据政府账户复式记账和账户收入来源与使用平衡原理，单独核算复式记账的政府账户，如果政府账户收入合计不等于政府账户支出合计，说明左右两端的账户元素数值存在统计数据质量的准确性问题。

4.2.3.9 国外账户

1. 账户表示

国外账户是以国外的角度设置的账户，因此国外的收入就是国内的支出，国外的支出就是国内的收入。如进口对国内来说是支出，对国外来说是收入。国外账户在表4-2中为第10行和第10列，复式记账形式见表4-11。

表4-11　　　　　　　　　　国外账户

支出	收入
出口	进口
居民的国外收益	国外资本投资收益
政府的国外转移收入	政府对国外的支付
国外净储蓄	
合计	合计

2. 数据来源

除了国外净储蓄外，其他项目已在以上其他各账户中核算完成。

3. 数据质量评估

根据国外账户复式记账和账户收入来源与使用平衡原理，单独核算复式记账的国外账户，如果预算外账户收入合计不等于国外账户支出合计，说明左右两端的账户元素数值存在统计数据质量的准确性问题。

4.2.3.10 资本账户

1. 账户表示

资本账户包含固定资本形成和存货变动两个子账户，其中存货净增加账户与资本账户合并核算。固定资本形成和存货净变动两个子账户分别在表4-2为第11、第12行和第11、第12列，复式记账形式见表4-12。

第4章 基于SAM编制过程的宏观统计数据质量评估

表4-12　　　　　　　　　资本形成账户

支出	收入
固定资本形成	居民储蓄
存货净增加	政府储蓄
	预算外账户结余
	企业储蓄
	国外资本净流入
	政府的债务收入
合计	合计

2. 数据来源

固定资本形成数据来自于商品账户中的"固定资本形成"。存货的净增加数据来自于商品账户中的"存货净增加"。居民储蓄、企业储蓄、预算外账户余额、政府储蓄、国外资本净流入、政府的债务收入数据均在表4-3~表4-11各账户中得到结果。

3. 数据质量评估

根据资本形成账户复式记账及账户收入来源与使用平衡原理，单独核算复式记账的资本形成账户，如果资本形成账户收入合计不等于资本形成账户支出合计，说明左右两端的账户元素数值存在统计数据质量的准确性问题。

4.3　编制过程中的"问题型"辅助评估方法

在宏观SAM编制或应用过程中，如果对账户项目的内涵不能准确把握，税收政策差异问题、价格问题、数据口径问题、交易类型的划分等问题就会在编制及应用过程中凸显出来，这些问题也成为编制SAM及应用过程中数据质量重点考察的问题。考察这些重点问题在编制过程中是否得到有效解决，有助于对 SAM 的编制结果从不同的侧面进行数据质量可靠性评价，有利于检验各类宏观统计数据的一致性，查找和调整数据间可能存在的矛盾，控制和评估统计数据质量。

4.3.1 税收政策差异问题

一个特定的"社会"可以用国家、地区、多区域不同层次的 SAM 来描述，具体的区域等级要视实际编制需要而定。编制 SAM 的时候，其结构安排和账户设置一般遵守社会经济循环过程，并兼顾经济活动利益主体。在编制反映地区宏观经济的 SAM 时，一般使用国家层面的 SAM 整体结构框架和账户，但要注意活动账户中中央税收政策的差异，区分中央政府和地方政府的税收政策和税制结构，对税收相关项目进行归类。如 SAM 活动账户中，需要计算政府生产税，在核算预算内生产税中的增值税时，应该区分为中央增值税和地方增值税，既不能全部归到中央，也不能全部归到地方，而是要根据中央和地方的增值税分成比例核算。另外，编制 SAM 时，还要考虑构成中央、地方生产税的内容，除生产环节的增值税外，地方生产税还包括土地增值税、营业税等。消费税、车辆购置税、关税，进口环节增值税属于中央税收，个人所得税、营业税、除进口增值税外的增值税、企业所得税属于中央和地方共享，并按比例分成。鉴于此，在 SAM 的编制过程中，要把地方政府或者中央政府的税收政策差异问题作为编制 SAM 过程中评估宏观统计数据质量的重要指标。

4.3.2 价格处理问题

在经济循环的不同阶段，产品的价格分为生产者价格和市场价格。产品购买者支付给生产者的价格为生产者价格；生产者价格加上中间环节的流通费用后的价格就是市场价格。在 GDP 核算中，采用生产者价格计算生产法 GDP，采用市场价格计算支出法 GDP。在 SAM 的编制过程中，产品部门之间的交易，居民消费、政府消费采用 IO 表中的生产者价格；但居民消费、政府消费在统计年鉴中均采用市场价格计算，两个数据之间有差异。IO 表是编制 SAM 的重要数据来源。在 IO 表的编制过程中，在按照市场价格核算各项居民、政府消费数据的基础上，扣除各项流通费用，且把流通费用归入到流通部门——货物运输与仓储业、批发零售贸易业等，这样 IO 表中的各项数据变为按生产者价格计算，保证编制 SAM 时采用相同的价格。因此，在编制 SAM 的过程中，不同渠道来源的数据均转化为按生产者价格计算，并以此作为评价 SAM 数据质量的重要组成部分。

4.3.3 账户数据口径问题

准确性是统计数据质量的保证。由于 SAM 编制的数据来源多样，而要保证数据的准确性，需要对统计指标的内涵、核算范围、核算方法有准确的把握，其中数据口径涵盖了指标内涵、核算范围。

4.3.3.1 进口、出口数据口径问题

不同管理部门的进口核算数据口径不一。在国家统计局编制的 IO 表中，进口数据包含关税，按照离岸价格计算，净出口包括货物贸易差额和服务贸易差额。在海关总署统计的海关进口数据不包括关税，按到岸价格计算，净出口只包括货物贸易差额，服务贸易差额不在统计范围之内。因此 IO 表中的进口数据、贸易差额数据与海关统计的进口数据、净出口数据存在统计口径上的区别。在 SAM 编制中，应注意不同来源的 SAM 账户进口、出口数据问题。由于 IO 表中投入产出数据是 SAM 的重要来源，故 SAM 中涉及进出口的商品账户、国外账户均采用 IO 表中的进出口数据。如果编制结果不平衡，可考虑是否进出口宏观统计数据质量存在一定的问题。

4.3.3.2 在业人口、在岗职工、职工的统计口径问题

在业人口即就业人口，指十六周岁及十六周岁以上人口中从事一定的社会劳动并取得劳动报酬或经营收入的人口；在岗职工是指在本单位工作并由单位支付工资的人员；职工是指在国有经济，城镇集体经济，联营经济，股份制经济，外商和港、澳、台投资经济，其他经济单位及其附属机构工作，

并由其支付工资的各类人员。

在实际统计中，在业人口的统计范围要比职工人数的统计范围大，从业人员与在岗职工统计数据不能相互代替，如果替代，则受到影响最大的是农业部门。从事生产活动的在业人员为 SAM 中取得"劳动者报酬"的劳动者。在 SAM 编制过程中，要用到就业人数作为推断其他数据的依据。在编制 SAM 中，商品账户、活动账户一般按照产业分类标准划分为不同类型的产业，计算不同产业子账户的劳动者报酬时，由于就业人数的难以统计，一般用在岗职工人数数据替代就业人数数据。如果编制结果不平衡，可考虑是否采用了合适的人口统计指标。

4.3.3.3 财产性收入、转移收入问题

财产性收入属于收入初次分配指标，是对参与生产活动的资产要素支付的报酬，包括支付本金、各类金融债券为组成部分的金融资产和土地、地下资产组成的有形非生产性资产而取得的收入。要素所有者向其他机构单位提供资产供其支配，作为回报而从中获得的收入。从财产性收入的统计口径可以看出，出租房屋、出售艺术品、出让版权、收藏品等在财产性收入统计范围内。住户在再分配中获得的政府退休金、失业救济、单位住房公积金等无偿收入为转移性收入，但政府无偿提供的用于固定资本形成的资金不在转移收入统计范围内。在 SAM 编制过程中对宏观统计数据质量进行评价时，要注意"财产性收入""转移性收入"的统计口径，从而提高统计数据质量的准确性。

4.3.3.4 全社会固定资产投资、固定资本形成总额问题

实际统计过程中，要区分固定资本形成总额和全社会固定资产投资的统计口径。固定资本形成总额统计范围为：城乡非农户固定资产投资（万元以下）、计算机软件等无形生产资产支出、矿藏勘探、房地产开发商的房屋销售收入和房屋投资建造成本之间的差额等；全社会固定资产投资统计项目不包括固定资本形成总额统计项目，但包括固定资本形成总额中不包括的土地购置费、旧建筑物购置费、旧设备购置费。因此，在 SAM 编制过程中，注

意全社会固定资产投资与固定资本形成总额之间的统计口径，计算商品账户时使用固定资本形成数据，有助于从源头控制统计数据的误差，从而提高宏观统计数据质量。

4.3.4 交易类型的划分问题

SAM 中各交易主体通过市场交易、转移支付、金融交易三种交易发生于收入与支出的交易活动，其中市场交易表现在货物和服务在部门之间的交易，转移支付表现在机构账户与要素账户之间形成的交易，金融交易表现在资产账户中从列（支出）到行（收入）的名义流、从行（收入）到列（支出）的资产流。

在 SAM 编制过程中，掌握交易类型的划分问题，有助于准确把握交易流量的来龙去脉，掌握统计数据的来源，提高宏观统计数据质量的准确性。如企业对居民转移支付交易流量的名义流表现为从企业账户（列）到居民账户（行），而没有居民账户（列）到企业账户（行）的转移支付。

4.3.5 矩阵可逆问题

SAM 描述了交易主体通过交易市场形成的交易流量，为宏观经济分析提供了标准的数据集，这些数据既综合又分类，为各种数学建模提供服务。乘数模型是 SAM 常见的模型，也是基于 SAM 的基本分析方法。外生账户对内生账户影响产生的乘数效应用 SAM 乘数模型表示，需要计算账户乘数矩阵 M_a，其中 $M_a = (I - A_n)^{-1}$。一般地，账户乘数矩阵根据需要分解为经济体中的各类效应。在实践政策模拟中，首先对账户乘数矩阵进行具体分解，而账户乘数矩阵 M_a 可逆是乘数分析的基本条件。对 SAM 账户进行划分，以内生账户和外生账户作为账户划分标准，是账户乘数矩阵 M_a 可逆的保证。当用一定的账户矩阵技术方法获得 M_a，SAM 中的数据就为矩阵各元素的基础数据。数据误差大造成 SAM 不平衡表现为内部账户的交易流量在一定程度上不能反映交易活动形成的经济活动，则导致的结果是账户乘数矩阵 M_a 不可逆，说明基础统计数据出了问题。故以 SAM 基础数据为乘数模型服务时，要判断账户乘数矩阵 M_a 是否可逆,并以此作为评价宏观数据质量可靠性的一个标准。

4.4 基于 SAM 账户平衡技术的宏观统计数据质量评估

SAM 结构复杂,编制过程中账户数值来源不一,由于数据缺失和某些账户元素数值的估算,最终编制的 SAM 行和与列和不相等成为必然。虽然 SAM 都表现为一个确定性矩阵,但账户元素数值在一定的程度上包含着样本测量误差。因此,有必要采用一些账户数值平衡方法,对造成彼此冲突的数据进行技术调整和平衡,平衡的过程是消除误差项的过程,也是统计数据质量评估的过程。SAM 是特定年份的社会经济流量的综合描述,在利用最新年份的总量数值对 SAM 进行账户数据更新时,也需要利用账户平衡技术,对统计数据质量进行准确性更新评估。

对 SAM 整体账户平衡做全面的分析和判断后,排除明显的错误,找到误差项来源,同时借助账户平衡技术,把不同来源、不同时期的信息整合到 SAM 框架中去,不断评估统计数据质量。RAS 方法(Biproportional Scaling Method,简称 RAS 法)、交叉熵方法(Cross Entropy Method,简称 CE 法)、最小二乘法(Ordinary Least Square,简称 OLS)、Stone – Byron 法等是目前账户平衡最常见的技术,但每种方法应用的条件不同。在 IO 表编制过程中也需要利用最新数据更新,RAS 方法已经在 IO 表数据更新中得到了广泛应用。结合宏观统计数据质量评估要求和 SAM 的特点,SAM 账户平衡技术选择 RAS 法和 CE 法。

4.4.1 RAS 法数据质量评估

19 世纪 60 年代,英国经济学家 Stone 提出 RAS 法,又称双比例尺度

第 4 章 基于 SAM 编制过程的宏观统计数据质量评估

法。RAS 方法在 IO 表数据更新和质量评估中得到广泛应用,要求账户"行和与列和已知",不要求"行和与列和相等",且对行列数不等的矩阵也适用。

在 SAM 中,行列分别代表经济行为者的收入和支出,根据复式记账规则,在已知矩阵的行和与列和的情况下,RAS 法一般可做如下描述:初始矩阵用 A^0 表示,用行乘数 r 和列乘数 s 分别左乘和右乘 A^0,通过迭代,生成目标矩阵 A^1,和 A^0 一样,A^1 的纬度为 $n \times n$,通过按比例的行列迭代运算,把用 Bottom – up 法构建的矩阵 A^0,在行项和列项的约束条件下,从最初的非平衡矩阵变为新的平衡矩阵 A^1,其中目标矩阵 A^1 满足新的行列合计平衡要求。

定义 T 为 SAM,即交易矩阵,t_{ij} 是从行账户 i 列账户 j 到的收入,$t._j$ 表示 SAM 第 j 列账户的合计值,满足 $t._j = \sum_i t_{ij}$,其中 T 产生系数矩阵 A,用 T 矩阵中的每个列元素除以列和,得到系数矩阵 A 中的元素 a_{ij},表示为

$$a_{ij} = \frac{t_{ij}}{t._j} \tag{4.1}$$

通过(4.1)标准化变换,求得行乘数与列乘数的解,也就是对行与列的"双比例"调整,从最初始不平衡的矩阵 A^0 出发,到最终的目标交易矩阵 A^1。

用元素的代数形式表示为

$$a_{ij}^1 = r_i a_{ij}^0 s_j \tag{4.2}$$

(4.2)式写成矩阵的形式为

$$A^1 = \tilde{R} A_0 \tilde{S} \tag{4.3}$$

(4.3)式中的 R、S 的上标"~"表示该矩阵为对角阵,RAS 方法名称由此而来。求解(4.3)式的基本要求是对 A^1 中的 n^2 个元素进行识别,但控制总量独立的约束有 $2n-1$ 个,即未知的行乘数和列乘数有 $2n-1$ 个。在这个双比例条件约束下,问题就变为寻找 r 和 s 向量中的 $2n$ 个元素。

其中:矩阵 A^1 中,n 为账户个数,则 A^1 为 n 维方阵。A^1 中的元素为

$$a_{ij}^1 = r_i a_{ij}^0 s_j \tag{4.4}$$

(4.3) 式中：

$$\hat{R} = Diag(r_1, r_2, \cdots, r_n)$$

$$\hat{S} = Diag(s_1, s_2, \cdots, s_n)$$

求解 $\hat{R}$ 与 $\hat{S}$ 的计算式：

$$\text{Min} \sum_{i,j=1}^{n} a_{ij}^1 \log\left(\frac{a_{ij}^1}{a_{ij}}\right) \tag{4.5}$$

接下来，用具体的迭代步骤来实现 RAS 法的调整过程。

在下面的公式表示和推导过程中，不同的迭代步骤用数字 0，1，2，… 分别表示，新给定的行和与列和的值用上标"^"表示。

步骤 1：$a_i^1 = \dfrac{\hat{x}_{i\cdot}}{\sum_j x_{ij}^0} \Rightarrow x_{ij}^1 = a_i^1 x_{ij}^0 \Rightarrow b_j^1 = \dfrac{\hat{x}_{\cdot j}}{\sum_i x_{ij}^1} \Rightarrow x_{ij}^2 = b_i^1 x_{ij}^1$

步骤 2：$a_i^2 = \dfrac{\hat{x}_{i\cdot}}{\sum_j x_{ij}^2} \Rightarrow x_{ij}^3 = a_i^2 x_{ij}^2 \Rightarrow b_j^2 = \dfrac{\hat{x}_{\cdot j}}{\sum_i x_{ij}^3} \Rightarrow x_{ij}^4 = b_i^2 x_{ij}^3$

……

步骤 t：$a_i^t = \dfrac{\hat{x}_{i\cdot}}{\sum_j x_{ij}^{2t-2}} \Rightarrow x_{ij}^{2t-1} = a_i^t x_{ij}^{2t-2} \Rightarrow b_j^t = \dfrac{\hat{x}_{\cdot j}}{\sum_i x_{ij}^{2t-1}} \Rightarrow x_{ij}^{2t} = b_i^t x_{ij}^{2t-1}$

将上述步骤不断迭代，直到最后收敛，则步骤 1~3 可整理为如下形式：

$$\begin{cases} x_{ij}^{2t-1} = \left(\prod_{h=1}^{t-1} b_j^h\right)\left(\prod_{k=1}^{t} a_i^k\right) x_{ij}^0，对于奇数次步骤所对应的值 x_{ij}^1, x_{ij}^3, x_{ij}^5, \cdots \\ x_{ij}^{2t} = \left(\prod_{h=1}^{t} b_j^h\right)\left(\prod_{k=1}^{t} a_i^k\right) x_{ij}^0，对于偶数次步骤所对应的值 x_{ij}^2, x_{ij}^4, x_{ij}^6, \cdots \end{cases}$$

分别定义：$A_i^t = \left(\prod_{k=1}^{t} a_i^k\right)$ 和 $B_j^t = \left(\prod_{h=1}^{t} b_j^h\right)$，则上述公式可表示为

$$\begin{cases} x_{ij}^{2t-1} = A_i^t B_j^{t-1} x_{ij}^0，对于奇数次步骤所对应的值 x_{ij}^1, x_{ij}^3, x_{ij}^5, \cdots \\ x_{ij}^{2t} = A_i^t B_j^t x_{ij}^0，对于偶数次步骤所对应的值 x_{ij}^2, x_{ij}^4, x_{ij}^6, \cdots \end{cases}$$

以上过程如果收敛，则确保有解，通过 RAS 法如果还不能求解出最后的平衡结果，说明宏观统计数据质量存在准确性问题，需要从源头上查找问题数据的来源。

4.4.2 CE 法数据质量评估

CE 方法由 Shannon（1948）提出，该种方法基于信息理论，应用于解决参数估计和统计推断问题，又称为交叉熵方法，1998 年首次应用于 SAM 的平衡。

CE 方法将交叉熵的测度值最小化①，SAM 初始数据集 X^0 与新的数据集 X^1 相比，X^1 比 X^0 信息量更充分，将"额外"的信息集最小化是 CE 方法的基本思想。在满足一定的信息约束条件下，通过最小化交叉熵差值，利用 CE 法找到一个与初始的 SAM（X^0）尽可能地接近的 SAM（X^1）。

在初始的 SAM 系数矩阵中，t_{ij}^0 表示从账户 i 到账户 j 的收入交易值。在这里，账户元素收入交易值为账户交易值占 SAM 账户数值总和的比例，且该 SAM 的每列相关信息及每列总和 X_j 已知。求解新的 SAM 系数矩阵问题用概率的数学表达式表示如下：

$$\min_{(t^1)} H = \sum_i \sum_j t_{ij}^1 \ln\left(\frac{t_{ij}^1}{t_{ij}^0}\right) = \sum_i \sum_j t_{ij}^1 \ln t_{ij}^1 - \sum_i \sum_j t_{ij}^1 \ln t_{ij}^0 \quad (4.6)$$

$$s.t \begin{cases} \sum_j t_{ij}^1 X_j = X_i \\ \sum_i t_{ij}^1 = 1 \end{cases}$$

其中：t_{ij}^1 表示新的 SAM 账户元素第 i 行、第 j 列对应的值，且 $0 \leq t_{ij}^1 \leq 1$；X_i 为目标矩阵的行和，X_j 为目标矩阵的列和。

通过构建拉格朗日函数，即可求得上述问题的解：

$$t_{ij}^1 = \frac{t_{ij}^0 \exp(\lambda_i X_j)}{\sum_{i,j} t_{ij}^0 \exp(\lambda_i X_j)} \quad (4.7)$$

其中：λ_i 为拉格朗日乘数，λ_i 包含了与行和与列和有关的信息，分母将相对概率转化为绝对概率，相当于一个标准化的因子。

定义：$x.. = \sum_i \sum_j x_{ij}$ 和 $x_{..}^0 = \sum_i \sum_j x_{ij}^0$

---

① 这一熵值刻画了新概率与初始估计的概率之间的差距。

目标函数 H 就转化为

$$H = \sum_j \sum_i \frac{x_{ij}}{x_{..}} \ln\left[\frac{\left(\frac{x_{ij}}{x_{..}}\right)}{\left(\frac{x_{ij}^0}{x_{..}^0}\right)}\right]$$

$$\Rightarrow H = \frac{1}{x_{..}} \sum_j \sum_i x_{ij} \left[\ln\left(\frac{x_{ij}}{x_{ij}^0}\right) - \ln\left(\frac{x_{..}}{x_{..}^0}\right)\right]$$

$$\Rightarrow H = \frac{1}{x_{..}} \sum_j \sum_i x_{ij} \ln\left(\frac{x_{ij}}{x_{ij}^0}\right) - \frac{1}{x_{..}} \sum_j \sum_i x_{ij} \ln\left(\frac{x_{..}}{x_{..}^0}\right)$$

$$\Rightarrow H = \frac{1}{x_{..}} \sum_j \sum_i x_{ij} \ln\left(\frac{x_{ij}}{x_{ij}^0}\right) - \ln\left(\frac{x_{..}}{x_{..}^0}\right) \tag{4.8}$$

（4.8）式最后结果为常数。

为使（4.8）式最小化问题有解，H 需要满足约束条件 $H \geq 0$，即

$$\sum_j \sum_i x_{ij} \ln\left(\frac{x_{ij}}{x_{ij}^0}\right) \geq x_{..} \ln\left(\frac{x_{..}}{x_{..}^0}\right) \tag{4.9}$$

一般地，（4.9）式左右两端为正，若左右两端出现负数，说明宏观统计数据质量存在问题，需要从源头上查找问题数据。

4.4.3 统计数据质量评估的 RAS 法与 CE 法应用选择

相关学者的研究表明，RAS 法侧重于矩阵本身的数值结构，而 CE 法侧重于保持矩阵的系数结构。如果矩阵行和与列和已知，则利用 RAS 法和 CE 法所得到的 SAM 最终结果非常接近。

一般地，应用 RAS 法求得的 SAM 的价值流更接近于初始价值流，如果视行、列系数同等重要，注重 SAM 的名义流时，应该选择 RAS 法。若 SAM 新的列系数阵更接近于初始的系数阵，如果各方面的信息来源充分时，应选择 CE 法。

在我国的统计实践中，IO 表的数据核算本身在时间上具有滞后性，IO 表的更新、延长表的编制都是隔几年进行一次，则反映新的数据结构的 SAM 也要进行更新，在编制和更新 SAM 中，利用 RAS 法与 CE 法评估宏观统计

第 4 章　基于 SAM 编制过程的宏观统计数据质量评估

数据质量。

实际上，利用 RAS 法与 CE 法评估宏观统计数据质量时，搜集和整理原始数据且确保原始数据的准确性是编制 SAM 的关键。如果过分依赖平衡技术，就会忽略对原始数据的质量评估。因此，具体运用 RAS 法或 CE 法在对统计数据质量评估的时候，需要注意 RAS 法或 CE 法评估统计数据质量的条件，在对原始资料仔细评估的基础上，再应用 RAS 法或 CE 法对 SAM 账户数值元素进行统计数据质量再评估，才能确保整理后的统计数据符合质量要求。

第 5 章　基于 SAM 的宏观统计数据质量评估体系

SAM 平衡技术在评估宏观统计数据质量时注重账户数据之间的数理逻辑关系，利用平衡技术确保 SAM 账户行和与列和相等，对问题数据进行质量评估。但由于账户之间的彼此关联，虽然从技术上保证了行和与列和相等，但是否对本身来源可靠的账户数值产生影响，使得关联账户数值也会发生变化，这就需要构建宏观统计数据质量评估体系，利用 SNA 的核算关系与账户本身平衡关系，对账户对应的宏观统计数据进行可靠性质量检验。

5.1　评估的指导思想和基本原则

5.1.1　评估的指导思想

SAM 把特定年份的数据信息组织起来，通过设置生产、分配、消费和资本积累各个环节的账户，全面反映经济交易主体的经济活动。每个宏观账户代表宏观经济变量，由于账户之间的彼此关联，使得利用 SAM 收支平衡原理评估宏观统计数据质量成为可能。结合国民经济核算和 SAM 基本原理，强调统计数据质量的准确性、一致性和时效性，以"整体大于局部"和

"充分利用现有条件"为宏观统计数据质量评估指导思想，通过构建等量核算和账户平衡评估体系，对 SAM 编制结果的数据质量可靠性做出科学、全面的评估，也完成了对宏观统计数据质量的评估。

5.1.2 评估的基本原则

5.1.2.1 符合国民经济核算原理

国民经济核算是以宏观经济理论为基础，按照一套符合国际惯例的概念、定义、分类和规则设计核算体系框架，引入会计复式记账原理，以货币为计量单位，对国民经济进行统一核算，形成一套逻辑严密、协调一致而完整的数据体系。从表现形式讲，SAM 是国民经济账户体系的矩阵表现形式，矩阵方法是对整个账户体系进行整体描述的最优方法。在遵守国民经济核算的基础上，基于 SAM 各账户构建评估体系，对账户所反映的宏观数据质量进行评估时，评估统计指标体系的选择应该符合国民经济核算的基本原理。

5.1.2.2 账户平衡原则

SAM 的复式账户之间彼此关联且存在一一对应的关系，在 SAM 中，同一账户的交易主体通过交易形成的行和与列和代表各账户收入与支出的关系，账户自身有着严格的平衡关系。在评估宏观统计数据质量时要构建评估指标体系，其中账户收支平衡关系是要遵守的基本原则。

5.1.2.3 总量控制原则

构建宏观统计数据质量评估体系，要遵守总量控制原则。总量控制不仅体现在 SAM 下级账户数值之和等于上级账户总量控制值，如一级"资本账户"总值等于二级账户"固定资本形成"与"存货变动"数值之和，而且 SAM 二级账户数值是三级各账户数值的总量控制值，如二级账户"最终消费"的总量值为三级"居民消费""政府消费"及"公共部门自筹消费"各账户项目之和。基于 SAM 构建评估统计指标体系的时候，把上级账户作为下级账户的总量控制值，用以评估各级账户项目数值的准确性，提高宏观统计数据质量。

5.2 基于SAM的宏观统计数据质量评估体系构建

在这里，基于SAM构建的宏观统计数据质量可靠性评估体系主要包括等量核算评估指标体系和账户平衡评估指标体系。

5.2.1 等量核算评估体系

GDP是一个国家或地区重要的宏观经济指标。SAM的结构框架蕴含着GDP不同核算方法。若采用Top-Down法编制SAM，如果数据缺失、数据来源不一，最终SAM的行和与列和不相等将成为必然，即使利用账户平衡技术进行平衡，也会在一定程度上导致来源可靠的数据发生变化，也就是说，由于过分强调整体的平衡，而使SAM中GDP构成项数值发生了变化。因此，根据国民经济核算原理，利用GDP的不同核算方法，基于SAM构建等量核算评估指标体系，从准确性角度对宏观统计数据质量进行评估。

5.2.1.1 SAM中的GDP核算平衡关系

1. 收入法GDP核算

收入法GDP核算是从分配的角度对不同要素构成项目的初次分配进行核算。从收入分配的角度来看：

收入法GDP = 增加值
= 劳动者报酬 + 生产税净额 + 固定资本折旧 + 营业盈余

其中：

生产税净额 = 生产税费 − 生产补贴
= 政府生产税 + 预算外收费 − 政府生产补贴

在SAM中：资本收益 = 居民的资本收入 + 企业的资本收入 + 国外的投资收益

在IO表中：资本收益 = 营业盈余 + 固定资产折旧

第5章 基于SAM的宏观统计数据质量评估体系

结合描述性宏观SAM（见表4-2），收入法GDP核算的恒等关系为：

收入法GDP = 增加值

= 劳动者报酬 + 生产税净额 + 固定资本折旧 + 营业盈余

= 劳动者报酬 + 生产税净额 + 资本收益

= 劳动者报酬 + 政府生产税 + 预算外收费 - 政府生产补贴

　+ 居民的资本收入 + 企业的资本收入 + 国外的投资收益

在收入法GDP核算中，从SAM中可以得出一个重要的宏观统计数据质量评估指标：

资本收益 = 营业盈余 + 固定资产折旧

其中"资本收益"数值是SAM账户所对应项目的数值，而"营业盈余"和"固定资产折旧"子账户数据直接来自IO表，两者之间存在恒等关系。

2. 支出法GDP核算

支出法GDP核算也称为使用法GDP核算。从支出（使用）的角度来看：

支出法GDP = 最终消费支出 + 资本形成总额 + 净出口

其中：

最终消费支出 = 居民消费支出 + 政府消费支出 + 公共部门自筹消费

结合描述性宏观SAM（见表4-2），支出法GDP核算的恒等关系为：

支出法GDP = 最终消费支出 + 资本形成总额 + 净出口

= 居民消费支出 + 政府消费支出 + 公共部门自筹消费

　+ 资本形成总额 + 出口 - 进口

在IO表中，居民消费支出具体分解为：

居民消费支出 = 城镇居民消费支出 + 农村居民消费支出

3. 生产法GDP核算

生产法GDP核算是指生产者当期生产的产品价值扣除所消耗的其他产品价值后的余值，即从增加值形成的角度来核算GDP。

结合描述性宏观SAM（见表4-2），生产法GDP核算的恒等关系为：

生产法GDP = 增加值 = 总产出 - 中间投入

5.2.1.2 基于 SAM 的 GDP 不同核算方法构建的宏观统计数据质量可靠性评估指标体系

以上应用不同的方法对 GDP 进行核算，可以看出，GDP 不同核算方法的组成指标与 SAM 中的账户科目存在着一一对应的关系。因此，按照 GDP 不同核算方法的平衡关系，就可以基于 SAM 对宏观统计数据质量可靠性进行评估。

在这里，评估体系划分为三级指标：Ⅰ级指标是 GDP 不同核算方法的组成部分；Ⅱ级指标对Ⅰ级指标进行细化；Ⅲ级指标再对Ⅱ级指标进行细化。有的Ⅱ级指标没有对应的Ⅲ级指标，可以把Ⅱ级指标看作Ⅲ级指标。最终形成的Ⅲ级指标可以在宏观 SAM 中找到相应的位置（见表 4-2）。如果Ⅲ级指标在宏观 SAM 对应位置数值总和不等于Ⅰ级指标数值或者Ⅱ级指标数值总和，说明 SAM 编制不平衡，宏观统计数据质量有待进一步甄别。因此，就要顺着Ⅱ级指标至Ⅰ级指标对应的项目，查找其中存在的数据不衔接问题。

基于 SAM 的 GDP 不同核算方法构建的宏观统计数据质量可靠性评估三级指标体系见表 5-1。

如果宏观统计数据质量比较可靠，则最终 SAM 编制结果应符合如下等量核算关系：

$$收入法 GDP = 使用法 GDP = 生产法 GDP$$

表 5-1　　　　　　等量核算评估指标体系

Ⅰ级指标	Ⅱ级指标	Ⅲ级指标	对应宏观 SAM 中的位置
收入法 GDP	劳动者报酬		(3, 2)
	生产税净额	生产税费	政府生产税	(9, 2)
			预算外收费	(8, 2)
		生产补贴	政府生产补贴	(7, 2)
	固定资本折旧	资本收益	居民的资本收益	(5, 4)
			企业的资本收益	(6, 4)
	营业盈余		国外的投资收益	(10, 4)

第5章 基于 SAM 的宏观统计数据质量评估体系

续表

Ⅰ级指标	Ⅱ级指标	Ⅲ级指标	对应宏观SAM中的位置
支出法GDP	最终消费支出	居民消费支出	城镇居民消费支出	(1, 5)
			农村居民消费支出	
		政府消费支出	政府消费支出	(1, 9)
			公共部门自筹消费	(1, 8)
	资本形成总额	固定资本形成		(1, 11)
		存货净变化		(1, 12)
	净出口	出口国外		(1, 10)
		减：国外进口		(10, 1)
生产法GDP	总产出			(2, 1)
	减：中间投入			(1, 2)

5.2.2 账户平衡评估体系

对不平衡 SAM 利用账户平衡技术平衡后，只是从数理的角度满足了行和与列和相等，但并不能保证各账户仍然平衡。因此，对账户体系进行必要的梳理，形成一套数据质量评估指标体系，有利于对宏观统计数据质量可靠性从账户平衡的角度进行评估。由于宏观 SAM 的复式账户与宏观统计数据之间存在一一对应关系，则可以用复式账户来表示 SAM 的行列。账户平衡体系构建遵守的基本原理就是收支平衡。编制宏观 SAM 过程中，宏观统计数据出现的质量问题数据能很快地从账户体系中查找到问题来源。

在这里，账户平衡评估体系划分为三级指标：Ⅰ级指标是各账户名称下的收入方和支出方；Ⅱ级指标是对Ⅰ级指标进行细化，Ⅱ级指标数值之和为对应的Ⅰ级指标数值；Ⅲ级指标再对Ⅱ级指标进行细化，Ⅲ级指标数值之和是对应的Ⅱ级指标数值。有的Ⅱ级指标没有对应的Ⅲ级指标，可以把Ⅱ级指标看作Ⅲ级指标。最终形成的Ⅲ级指标可以在宏观 SAM 中找到相应的位置（见表 5-2）。如果Ⅲ级指标数值在宏观 SAM 对应位置的总和不等于各账户项目对应的Ⅰ级或者Ⅱ级指标总和，说明SAM编制结果各账户收支不平衡，宏观统计数据质量就需要进一步甄别。因此，就要顺着Ⅱ级指标至Ⅰ级指标对应的账户项目，查找问题来源。

表5-2　　　　　　　　　　账户平衡评估指标体系

账户名称	Ⅰ级指标	Ⅱ级指标	Ⅲ级指标	对应宏观SAM中的位置
商品账户	总需求	中间投入		(1, 2)
		最终消费	居民消费	(1, 5)
			政府消费	(1, 9)
			公共部门自筹消费	(1, 8)
		出口		(1, 10)
		资本形成	固定资本形成	(1, 11)
			存货净变动	(1, 12)
	总供给	国内总产出		(2, 1)
		进口	进口税	(9, 1)
			进口	(10, 1)
活动账户	总产出	国内总产出		(2, 1)
	总投入	中间投入		(1, 2)
		要素投入	劳动者报酬	(3, 2)
			资本收益	(4, 2)
		生产税净额	政府生产补贴	(7, 2)
			政府生产税	(9, 2)
			预算外收费	(8, 2)
要素账户	收入	劳动收入		(3, 2)
		资本收益		(4, 2)
	支出	劳动者报酬		(5, 3)
		资本收益的分配	居民的资本收益	(5, 4)
			企业的资本收益	(6, 4)
			国外的投资收益	(10, 4)

续表

账户名称	I级指标	II级指标	III级指标	对应宏观SAM中的位置
居民账户	收入	劳动者报酬		(5, 3)
		居民的资本收益		(5, 4)
		企业对居民的转移性支付		(5, 6)
		政府补贴		(5, 7)
		政府对居民的其他支付		(5, 9)
		居民的国外收益		(5, 10)
	支出	居民消费		(1, 5)
		个人所得税		(9, 5)
		居民储蓄		(11, 5)
企业账户	收入	企业的资本收益		(6, 4)
	支出	企业对居民的转移支付		(5, 6)
		向政府缴纳的直接税		(9, 6)
		企业储蓄		(11, 6)
政府补贴账户	收入	生产补贴		(7, 2)
		政府的补贴支出		(7, 9)
		国外收入		(7, 10)
		政府的债务收入		(7, 11)
	支出	政府对居民的补贴		(5, 7)
预算外账户	收入	预算外收费		(8, 2)
	支出	公共部门自筹经费		(1, 8)
		预算外账户储蓄		(11, 8)
政府账户	收入	进口税		(9, 1)
		生产税		(9, 2)
		个人所得税		(9, 5)
		企业所得税		(9, 6)
	支出	政府消费		(1, 9)
		政府对居民的其他支付		(5, 9)
		政府的补贴支出		(7, 9)
		对国外的支付		(10, 9)
		政府储蓄		(11, 9)

续表

账户名称	I级指标	II级指标	III级指标	对应宏观SAM中的位置
国外账户	收入	进口		(10, 1)
		国外资本投资收益		(10, 4)
		从政府获得的收入		(10, 9)
	支出	出口		(1, 10)
		国外收益		(5, 10)
		国外收入		(7, 10)
		国外净储蓄		(11, 10)
资本账户	收入	居民储蓄		(11, 5)
		企业储蓄		(11, 6)
		预算外账户储蓄		(11, 8)
		政府储蓄		(11, 9)
		国外净储蓄		(11, 10)
	支出	固定资本形成		(1, 11)
		政府的债务收入		(7, 11)
		存货变动		(12, 11)
存货变动账户	收入	存货变动		(12, 11)
	支出	存货净变动		(1, 12)

第6章 基于 SAM 的我国宏观统计数据质量评估

SAM 的结构框架和账户划分很大程度上由其使用目的决定。编制过程除了利用 SAM 的一般编制技术外,还应根据一个国家或地区社会经济结构流量的特点及其数据使用需要,合理进行结构设计和账户划分,并采用来源可靠的数据。为了对我国宏观经济重要统计数据质量进行评估检验,结合账户间的流量关系,需要在生产、收入与支出、金融与投资、国外收支四大账户的基础上,对商品(活动)账户、居民账户等账户进行一定的归类划分。本章利用 SAM 的理论方法、编制技术编制了 2012 年中国宏观及细化的 SAM,在编制过程中利用等量核算体系和账户平衡体系,对各账户对应的指标数值进行质量评估。除此之外,基于 SAM 数据集,利用宏观统计数据质量评估的层次分析方法(AHP)、K-S 法、匹配法、Benford 法则、模糊评价法对我国宏观经济重要统计数据质量进行评估。

6.1 2012 年中国 SAM 编制及统计数据质量实证评估

宏观 SAM 旨在概括性地描述社会经济现实,其主要用途是作为一个基础性的社会经济状况核算框架,满足宏观经济统计数据质量评估的需要。

6.1.1 宏观 SAM 的编制

6.1.1.1 宏观结构设计的思想

1. 哲学思想

从哲学的角度看，SAM 是相对特定的时间、空间上的平衡。SAM 在限定的时间和空间内建立了一个相对封闭的经济系统，但是这种封闭经济系统不是与外界没有任何联系，而是建立在一定联系上的平衡，表现在国内各机构部门与国外的联系。一旦这种联系建立后，在特定的时间和空间上，SAM 内部反映经济运行的各账户在行列上存在着平衡的内在机理。

2. 经济学思想

从经济学的角度看，SAM 每一笔收入都有其相对应的支出，每一笔资产都有其相对应的负债。准确理解 SAM 的前提是要对各账户的收支从经济学角度做内涵上的把握，并不是收入从哪儿来，就一定要用到哪儿去。例如，居民账户的收入来源于劳动收入、资本收入、企业和政府的转移支付，分别对应于相应的要素账户、企业账户、政府账户；居民账户的支出主要是居民消费商品和服务、支付给政府的直接税费和剩余部分的储蓄，分别对应于商品账户、政府账户和资本账户。可见，从总量上来讲，居民总收入一定和总支出相等，但是收入和支出的账户并不能完全对应，这一点，其他账户也是如此。收入和支出相对应、资产和负债相对应，这一定律对经济学来说，就如同能量守恒定律对物理学一样重要。

3. 统计平衡思想

从统计平衡表式的角度看，矩阵式平衡表是账户式平衡表的综合形式。统计平衡表有三大类：单式平衡表、账户式平衡表和矩阵式平衡表。单式平衡表是指对发生的每一项经济交易，只在一个表中加以登记，其表现是收入记在表的一端，而支出记在表的另外一端，虽然收支总量平衡，但没有全面、清晰地反映出每一笔交易的来龙去脉，是核算的初级形式；账户式平衡表是指对发生的每一项经济交易，都要以相等的数额，在相互联系的两个或两个以上的账户中进行登记，是核算的基本形式；矩阵式平衡表又称棋盘式平衡表,其主词和宾词使用完全相同的分组和排列顺序,一个列在表的左方,一个列在表的右方,表中的交易数值反映了复式平衡表的内容,是账户式平衡的综合形式,能清楚地表示交易项目的来源和去向。更重要的是矩阵式平衡表能运用现代数学方法进行建模分析,极大地扩展了矩阵表的应用领域,提高了经济分析的科学水平。因此,矩阵式平衡表是核算的高级形式。

6.1.1.2 账户设置

根据 SAM 编制的社会经济流量的特点和宏观统计数据质量评估需要,类似一般 SAM 账户设计,宏观 SAM 主要设置了9个一级账户,分别是:产业部门账户、增加值账户、机构部门初次分配账户、机构部门再分配账户、消费账户、资本形成账户、资本交易账户、机构部门金融交易账户、国外账户。

根据其账户自身的性质及其在社会经济系统中的功能,以上账户可分别归纳为 9 类一级账户和 35 类二级账户,具体分类见表 6-1。

表 6-1　　　　　　　2012 年中国宏观 SAM 账户设置

序列	一级账户	二级账户	账户数目
投入产出	产业部门	农业、采掘业、制造业、建筑业、运输邮电业、批零住宿餐饮业、金融保险业、其他服务业	8
	增加值	劳动者报酬、生产税净额、总营业盈余	3
国民收入	机构部门初次分配	非金融企业、金融机构部门、政府部门、住户部门	4
	机构部门再分配	非金融企业、金融机构部门、政府部门、住户部门	4
	消费	农村居民消费、城镇居民消费、政府消费	3
资本与金融	资本形成	库存增加、固定资本形成总额	2
	资本交易	非产出资产、资本转移	2
	机构部门金融交易	非金融企业、金融机构部门、政府部门、住户部门	4
国外	国外部门	国际储备、货物和服务、收入分配、资本和金融、统计误差	5
		账户合计	35

注:合计账户是过渡性账户,实际上是 SAM 平衡控制账户,故没有归到计算账户数目中去。

6.1.1.3 维度结构

2012 年中国宏观 SAM 结构框架是在描述性宏观 SAM(见表 4-2)

的基础上，根据图6-1所示的SAM账户间流量及存量关系和SAM作为宏观统计数据评估数据集的要求，按照部门和交易两大系列分类形成生产、收入和支出、金融与投资、国外收支四大账户序列，结合表6-1二级账户设置，形成2012年中国宏观SAM框架结构和维度描述，见表6-2。

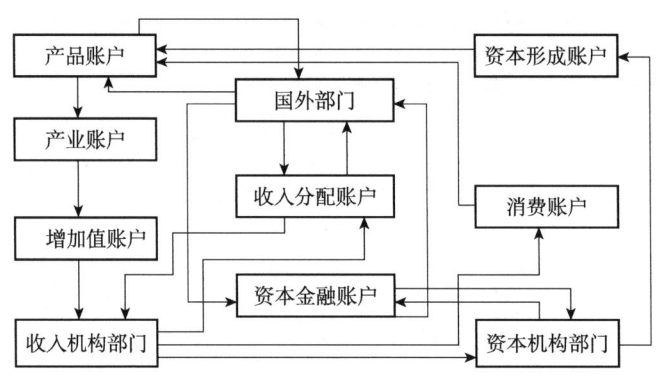

图6-1 账户间关系流量图

表6-2　　　　2012年中国宏观SAM维度结构表（35×35）

		生产	国民收入和支出				投资与金融			国外			合计
		产业部门	收入的形成	收入初次分配	收入再分配	消费支出	资本形成	金融项目	国际储备	经常项目	资本	统计误差	
生产	产业部门	8×8	8×3	8×4	8×4	8×3	8×4	8×4	8×1	8×2	8×1	8×1	
国民收入和支出	收入的形成	3×8	3×3	3×4	3×4	3×3	3×4	3×4	3×1	3×2	3×1	3×1	
	收入初次分配	4×8	4×3	4×4	4×4	4×3	4×4	4×4	4×1	4×2	4×1	4×1	
	收入再分配	4×8	4×3	4×4	4×4	4×3	4×4	4×4	4×1	4×2	4×1	4×1	
	消费支出	3×8	3×3	3×4	3×4	3×3	3×4	3×4	3×1	3×2	3×1	3×1	

第 6 章 基于 SAM 的我国宏观统计数据质量评估

续表

		生产	国民收入和支出				投资与金融			国外			合计
		产业部门	收入的形成	收入初次分配	收入再分配	消费支出	资本形成	金融项目	国际储备	经常项目	资本	统计误差	
投资与金融	资本形成	4×8	4×3	4×4	4×4	4×3	4×4	4×4	4×1	4×2	4×1	4×1	
	金融项目	4×8	4×3	4×4	4×4	4×3	4×4	4×4	4×1	4×2	4×1	4×1	
	国际储备	1×8	1×3	1×4	1×4	1×3	1×4	1×4	1×1	1×2	1×1	1×1	
国外	经常项目	2×8	2×3	2×4	2×4	2×3	2×4	2×4	2×1	2×2	2×1	2×1	
	资本	1×8	1×3	1×4	1×3		1×4	1×4	1×1	1×1		1×1	
	统计误差	1×8	1×3	1×4	1×4	1×3	1×4	1×4	1×1	1×1	1×1	1×1	
合计													

注："a×b"表示由 a 行 b 列形成的一个维度结构。

6.1.1.4 数据来源及编制结果

1. 数据来源

编制中国 SAM 数据来源主要有宏观经济核算数据，包括 GDP 核算数据、IO 表数据、实物交易资金流量表数据、金融交易资金流量表数据、国际收支平衡数据。国家统计局公布逢 2、7 年份的 IO 表。笔者采用 2012 年中国 IO 表。资金流量表的公布滞后 2～3 年，国际收支平衡表虽然次年公布，但也存在货币转化问题。

根据研究需要，在获取各账户数值前，需要编制 2012 年投入产出 8 部门基本流量表。2012 年中国投入产出 8 部门基本流量表是根据 2012 年中国投入产出 42 部门基本流量表①按照"附录 1"分类标准合

---

① 数据来源：《2012 年中国投入产出表》。

并归总而得,最终编制结果见"附录 2:2012 年中国投入产出 8 部门基本流量表"。

2. 编制结果

根据前述数据来源,采用 Top – Down 法编制 2012 年中国宏观 SAM,编制结果见"附录 3"。除产业部门账户、金融的收入和与支出和小数位存在微小的差异外,其余各账户收支均平衡。因此,不需要利用账户平衡技术对宏观 SAM 进行平衡。中国 2012 年宏观 SAM 各账户元素数值可以作为编制 SAM 细化表对应账户项目数值的控制项。

6.1.2 细化 SAM 的编制

6.1.2.1 账户划分

根据社会经济流量特点和宏观统计数据质量研究问题需要,把宏观 9 大实体账户划分为 65 个部门,其中包括 8 个货物与服务部门、8 个产业部门、3 个增加值部门、6 个初次分配交易部门、5 个再分配交易部门、3 个消费部门、4 个国内收入机构部门、2 个资本形成部门、2 个资本交易部门、16 个金融交易部门、4 个国内资本机构部门、3 个国外部门和 1 个统计误差虚拟部门,具体分类见表 6 – 3。

表 6 – 3 2012 年中国 SAM 细化表部门划分

生产	产品	1	农业	产业部门	9	农业
		2	采掘业		10	采掘业
		3	制造业		11	制造业
		4	建筑业		12	建筑业
		5	运输邮电业		13	运输邮电业
		6	批零、住宿、餐饮		14	批零、住宿、餐饮
		7	金融保险业		15	金融保险业
		8	其他服务业		16	其他服务业

续表

		17	劳动者报酬			42	通货
	增加值	18	生产税净额			43	存款
		19	总营业盈余			44	贷款
		20	劳动者报酬			45	证券
		21	生产税净额			46	证券投资基金份额
		22	利息			47	证券公司客户保证金
		23	红利			48	未贴现的银行承兑汇票
	收入的形式	24	土地租金		金融交易	49	保险准备金
国民收入和支出		25	其他财产收入	投资与金融		50	金融机构往来
		26	收入税			51	准备金
		27	社会保险缴款			52	库存现金
		28	社会保险福利			53	中央银行贷款
		29	社会补助			54	其他（净）
		30	其他经常转移			55	直接投资
		31	非金融企业			56	其他对外债权债务
	承受机构部门	32	金融机构部门			57	国际储备
		33	政府部门			58	非金融企业
		34	住户部门		机构部门	59	金融机构部门
		35	农村居民消费			60	政府部门
	消费支出	36	城镇居民消费			61	住户部门
		37	政府消费		经常项目	62	货物和服务
		38	库存增加	国外		63	收入变动
投资与金融	资本交易	39	固定资本形成总额		资本	64	资本交易
		40	非产出资产			65	统计误差
		41	资本转移				

6.1.2.2 SAM 细化表维度结构

由 2012 年中国 SAM 细化表部门划分（见表 6-3）可以得出含有 65 行、

65 列的 2012 年中国 SAM 细化表维度结构,见表 6-4。

表 6-4 2012 年中国 SAM 细化表维度结构(65×65)

		生产		国民收入和支出				投资与金融			国外			总计
		产品	产业部门	增加值	收入的形式	承受机构部门	消费支出	资本交易	金融交易	机构部门	经常项目	资本	统计误差	
生产	产品	8×8	8×8	8×3	8×11	8×4	8×3	8×4	8×16	8×4	8×2	8×1	8×1	
	产业部门	8×8	8×8	8×3	8×11	8×4	8×3	8×4	8×16	8×4	8×2	8×1	8×1	
国民收入和支出	增加值	3×8	3×8	3×3	3×11	3×4	3×3	3×4	3×16	3×4	3×2	3×1	3×1	
	收入的形式	11×8	11×8	11×3	11×11	11×4	11×3	11×4	11×16	11×4	11×2	11×1	11×1	
	承受机构部门	4×8	4×8	4×3	4×11	3×4	3×3	4×4	4×16	4×4	4×2	4×1	4×1	
	消费支出	3×8	3×8	3×3	3×11	3×4	3×3	3×4	3×16	3×4	3×2	3×1	3×1	
投资与金融	资本交易	4×8	4×8	4×3	4×11	4×4	4×3	4×4	4×16	4×4	4×2	4×1	4×1	
	金融交易	16×8	16×8	16×3	16×11	16×4	16×3	16×4	16×16	16×4	16×2	16×1	16×1	
	机构部门	4×8	4×8	4×3	4×11	4×4	4×3	4×4	4×16	4×4	4×2	4×1	4×1	
国外	经常项目	2×8	2×8	2×3	2×11	2×4	2×3	2×4	2×16	2×4	2×2	2×1	2×1	
	资本	1×8	1×8	1×3	1×11	1×4	1×3	1×4	1×16	1×4	1×2	1×1	1×1	
	统计误差	1×8	1×8	1×3	1×11	1×4	1×3	1×4	1×16	1×4	1×2	1×1	1×1	
总计														

6.1.2.3 中国 2012 年 SAM 细化表编制结果

根据 2012 年 SAM 细化表的账户描述及中国宏观 SAM 编制结果,综合利用 2012 年中国投入产出表、资金流量表、国际收支平衡表等数据，最终得到含有 65 部门的 2012 年中国 SAM 细化表，编制结果见 "附录 4：2012 年中国 SAM 细化表"。

由于综合利用 Top – Down 法和 Down – Top 法编制 2012 年中国 SAM 细化表，故各细化账户对应的行和与列和相等，不需要利用账户平衡技术进行平衡。

6.1.3 宏观统计数据质量实证评估

6.1.3.1 评估体系检验

1. 等量核算评估指标体系检验

利用 GDP 不同核算方法构建的 SAM 数据质量评价指标体系（见表 5 – 1），在编制 2012 年中国宏观 SAM 中用此数据质量评估体系进行实证检验，最终检验结果见表 6 – 5。

由表 6 – 5 中Ⅲ级指标数值分类合计可以得到：

$$\text{收入法 GDP} = \text{支出法 GDP} = \text{生产法 GDP}$$

可以看出，用三种核算方法计算的 GDP 结果一致，说明从 GDP 核算的角度来讲，宏观 SAM 各账户编制结果含义明确，中国 2012 年 GDP 核算数据准确，统计数据质量较高，各交易矩阵单元的经济流量能够反映交易主体的交易行为。

表 6 – 5　　　　　等量核算数据质量评估指标体系检验表

	Ⅰ级指标		Ⅱ级指标		Ⅲ级指标		合计（万元）
	指标名称	数值（万元）	指标名称	数值（万元）	指标名称	数值（万元）	
收入法 GDP	劳动者报酬	2641340939.20					5368001709.49
	生产税净额		生产税费	326734836.00	政府生产税	264155100.00	
					预算外收费	62579736.00	
			生产补贴	409327416.54	政府生产补贴	409327416.54	

续表

I级指标		II级指标		III级指标		合计（万元）
指标名称	数值（万元）	指标名称	数值（万元）	指标名称	数值（万元）	
收入法GDP		固定资本折旧				5368001709.49
		资本收益	716819825.36	居民的资本收入	53645.00	
				企业的资本收入	716766180.36	
		营业盈余		国外的投资收益	1273778692.00	
支出法GDP		最终消费支出		城镇居民消费支出	1533139381.08	5368001709.49
			2717185766.01	农村居民消费支出	452228451.56	
		政府消费支出	731817933.37	政府消费支出	731817933.37	
		资本形成总额	固定资本形成 2377506059.99			
			存货净变化 106392893.97			
		净出口	出口国外 1366658525.79			
			减：国外进口 1220269786.53			
		加：其他项	20528250.27			
生产法GDP		总产出	16016270834.41			5368001709.49
		减：中间投入	10648269124.92			

2. 账户平衡指标体系检验

账户平衡指标体系检验遵循的基本原理就是收支平衡。根据 2012 年中

第 6 章 基于 SAM 的我国宏观统计数据质量评估

国宏观 SAM 编制和结合账户平衡评价指标体系（见表 5-2），由于编制过程中没有突出细化的政府和政府补贴账户，故除了政府和政府补贴账户外，利用表 5-2，对 2012 年宏观 SAM 编制结果数据（见附录 3）进行实证检验，最终检验结果见表 6-6。

表 6-6　　　　　账户平衡数据质量评估指标体系检验表

账户名称	Ⅰ级指标		Ⅱ级指标		Ⅲ级指标	
	指标名称	指标数值（万元）	指标名称	指标数值（万元）	指标名称	指标数值（万元）
商品账户	总需求	17216012370.67	中间投入	10648269124.92		
			最终消费	2717185766.01	居民消费	1985367832.64
					政府消费	731817933.37
			出口	1366658525.79		
			资本形成	2483898953.96	固定资本形成	2377506059.99
					存货净变动	106392893.97
	总供给	17356127060.03	国内总产出	16016270834.41		
			进口及关税	1339856225.61	进口税	119586439.08
					进口	1220269786.53
活动账户	总产出	16016270834.41	国内总产出	16016270834.41		
	总投入	16016270834.41	中间投入	10648269124.92		
			要素投入	4631939456.95	劳动者报酬	2641340939.20
					资本收益	1990598517.75
			生产税净额	736062252.54	政府生产补贴	409327416.54
					政府生产税	264155100.00
					预算外收费	62579736.00

续表

账户名称	I级指标		II级指标		III级指标	
	指标名称	指标数值（万元）	指标名称	指标数值（万元）	指标名称	指标数值（万元）
要素账户	收入	4631939456.95	劳动收入	2641340939.20		
			资本收益	1990598517.75		
	支出	4631939456.95	劳动者报酬	2641340939.20		
			资本收益的分配	1990598517.75	居民的资本收益	284214916.05
					企业的资本收益	1594111556.10
					国外的投资收益	112272045.61
居民账户	收入	3501693271.79	劳动者报酬	2641340939.20		
			居民的资本收益	284214916.05		
			企业对居民的转移性支付	5180000.00		
			政府补贴	409327416.54		
			政府对居民的其他支付	147530000.00		
			居民的国外收益	14100000.00		
	支出	3501693271.79	居民消费	1985367832.64		
			个人所得税	1488495439.15		
			居民储蓄	27830000.00		

第6章 基于SAM的我国宏观统计数据质量评估

续表

账户名称	Ⅰ级指标		Ⅱ级指标		Ⅲ级指标	
	指标名称	指标数值（万元）	指标名称	指标数值（万元）	指标名称	指标数值（万元）
企业账户	收入	1594111556.10	企业的资本收益	1594111556.10		
	支出	1594111556.10	企业对居民的转移支付	5180000.00		
			向政府缴纳的直接税	264155100.00		
			企业储蓄	1324776456.10		
国外账户	收入	1393829786.53	进口	1220269786.53		
			国外资本投资收益	177440000.00		
			从政府获得的收入	3880000.00		
	支出	1393829786.53	出口	1366658525.79		
			国外收益	234988739.25		
			国外收入	173560000.00		
			国外净储蓄	88600000.00		
资本账户	收入	2956588953.96	居民储蓄	27830000.00		
			企业储蓄	9260000.00		
			预算外账户储蓄	2862268953.96		
			政府储蓄	50810000.00		
			国外净储蓄	6420000.00		
	支出	2956588953.96	固定资本形成	2377506059.99		
			政府的债务收入	472690000.00		
			存货变动	106392893.97		
存货变动账户	收入	106392893.97	存货变动	106392893.97		
	支出	106392893.97	存货净变动	106392893.97		

在商品账户中，国家统计局公布的进口数据为 1220269786.53 万元，而海关总署①公布的进口数据为 1148000000 万元，两者相差约 72269787 万元，从而导致商品账户中，总需求和总供给数值不相等。这说明我国综合统计和专业统计之间的进口数据不衔接，统计数据质量存在问题，其原因在于国家统计局和海关总署在计算进口数据时分别按照到岸和离岸统计，造成了进口数据之间的差额。由表 6-6 检验结果可以看出，除了商品账户外，其余各账户对应的Ⅲ级指标数值之和是对应的Ⅱ级指标数值；Ⅱ级指标数值之和为对应的Ⅰ级指标数值；Ⅰ级指标的收入方和支出方数值相等，进一步说明中国宏观统计数据质量准确度高。

6.1.3.2 几点说明

以上利用等量核算和账户平衡评估指标体系，从不同的角度对 2012 年中国宏观 SAM 的数据来源及其数据质量进行实证检验。2012 年中国 SAM 编制过程也是统计数据质量的评估过程，在编制过程中及时对我国宏观经济数据主要的平衡项或者计量单位差异进行统计数据质量评估和处理，表现在：

（1）实物交易资金流量表中的"机构部门的增加值"合计与 IO 表"产业部门增加值"合计，两者存在差异，采用 IO 表"产业部门增加值"合计数据。

（2）IO 表"最终使用"合计与实物交易资金流量表中的"最终使用"合计，两者存在差异，采用 IO 表"最终使用"合计数据。

（3）实物交易资金流量表与金融交易资金流量表中的"净金融投资"数据口径不一致，取两者的平均数。

（4）金融交易资金流量表中公布的"外汇储备变动"总量数据用人民币计算，而国际收支平衡表中的"储备"来源数据用美元计量，按照 2012 年年底的汇率，将国际收支平衡表中的"储备"以美元为计量单位的数据换

---

① 见中国海关总署网站：http://www.customs.gov.cn。

算为人民币（元）计量单位。

（5）实物交易资金流量表内部某些项目之间不平衡，及时评估修订。

（6）由于宏观及细化 SAM 编制过程中，已经对税收问题、价格问题、数据口径等按照"问题型"辅助评价方法进行了处理，所以不需要利用"问题型"辅助评估方法对宏观数据质量的可靠性进行检验。

（7）从某些账户项目数值与 IO 表相关项目对应关系出发，可以对 SAM 数据质量可靠性进行检验。如宏观 SAM 中资本收益包括"固定资产折旧"和"营业盈余"两项之和，这两项数据均来源于 IO 表。如果根据 IO 表计算的"固定资产折旧"和"营业盈余"之和不等于宏观 SAM 中资本收益，说明宏观 SAM 该账户项目编制结果存在一定的问题，需要寻找产生不相等问题的来源。

6.2 我国重要宏观统计数据质量评估

统计数据质量的高低直接关系到各类经济主体和政府部门对经济形势的判断和决策。在这里，利用 2012 年中国宏观 SAM 及细化表数据集，选择宏观经济重要变量，利用统计数据质量评估的层次分析法（AHP）、K-S 法、匹配法、Benford 法则、模糊综合评价法，对我国宏观统计数据质量进行准确性评估、可信度评估及总体评估。

6.2.1 AHP 法在宏观经济统计数据质量评估体系构建中的应用

6.2.1.1 方法选择

层次分析法（Analytic Hierarchy Process，简称 AHP）是由美国数学家萨蒂于 20 世纪 70 年代中期第一次提出，这种评估方法是一种定性与定量思维相结合、系统化及层次化的评估分析方法。AHP 法的基本思路是：首先，找到与问题相关的各主要影响因素，把这些因素按照某些关联和从属关系构建成递阶层次模型；其次，在各个层次都依照某一项规定或准则，对层次中的因素分队建立比较判断矩阵，再经过运算判断矩阵的最大特征值以及相对应的正交化特征向量，进而得到各层因素对于此准则的权重得分；最后，运算出每一层次因素对总体目标的综合权重，得出不相同假定方案的不同权重，将此权值作为最终决策的依据。通过这样一层一层对比多种关联因素，得出作为分析、决策、预测以及控制待定事物的发展方向。这种方法尤其适用于那些较难完全用定量方法来进行分析的比较复杂的问题，为解决同类问题提供了一种简单适用的评估法则，故在计算、制定计划、资源分配、排序、政策分析、军事管理与冲突求解以及决策预报等领域有很广泛的应用。

AHP 的一般方法和步骤是：

1. 构造层次结构图

先是分析总系统中每个因素之间的一些关系，从而建成系统的递阶层次结构。运用 AHP 法研究相关问题时，开始要将与研究问题相关的每一种有关因素层次化，接下来建造出一个树状的层次结构模型。对于一般问题来说层次结构图可分成三层，如图 6-2 所示。

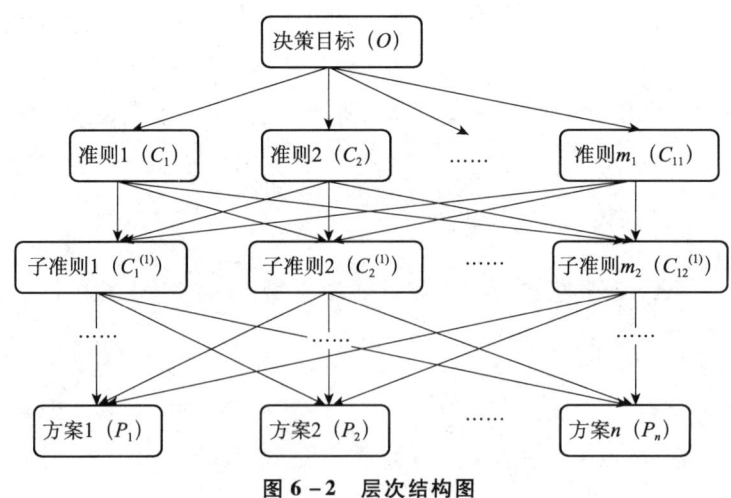

图 6-2 层次结构图

其中最高层是目标层（O），它是拟解决问题用来决策的目标或者其理想的状态。中间层为准则层（C），指的是为实现总体目标所涉及各个中间环节的每个因素，当整个准则多于 9 个时又可分成很多个子层。最低层为方案层（P），指的是为了实现总体目标而提出的用于选择的若干措施，即决策方案。通常来说，各个层次之间的每一因素，有的相关联，有的不一定相关联，每个层次的因素的个数也不一定相同。实际上，一般是依据拟研究问题的性质以及各有关因素的类型来确定各个层次。

2. 构造比较矩阵

设要比较 n 个因素 $C_1,C_2,C_3,\cdots,C_n$ 对上个层次（如目标层）O 的影响程度，也就是要确定其在目标层 O 中所占的比重大小。对任取的两个因素 C_i 以及 C_j，用字母 a_{ij} 表示 C_i 以及 C_j 对 O 影响程度的比值，按照 1~9 的比例标度来衡量 $a_{ij}(i,j=1,2,\cdots,n)$。这样可得到两两成对的比较矩阵或判断矩阵 $A=(a_{ij})_{n\times n}$。

3. 相对权重向量确定

选取判断矩阵 n 个列向量，归一化后算得其算术平均值可近似看作权重，即 $W_i=\dfrac{1}{n}\sum\limits_{i=1}^{n}\dfrac{a_{ij}}{\sum\limits_{j=1}^{n}a_{ij}}(i=1,2,\cdots,n)$。同理也可以对行求和得到其向量的归一化，同样能得到其相应的权重向量。

6.2.1.2 基于 AHP 法的数据质量评估过程

1. AHP 评估数据质量的思路

基于 AHP 对统计数据进行评估的思路是：首先，进行评价指标的选择。要根据实际数据集的特点及质量评估的需要，选取评估指标，制定数据质量评估规则，并确定它们的权重和期望值。其次，应用 AHP 的相关原理，把宏观经济数据质量评估问题看作是一个标准的体系，经过对系统的多种影响因素进行分析，可分划出每个因素之间紧密联系的有序层次。最后，对各个层次的每一因素进行评估与客观判断，计算出每一层次全部因素的相对重要性权值，并加以准确排序。

2. 统计数据质量内涵

统计数据质量涉及的主体主要包括统计机构、数据用户以及被调查者三个层次。概括三个主体对统计数据质量的要求，通过借鉴已有的关于统计数据质量含义的各种理解，笔者认为统计数据质量主要包括准确性、可信度、相关性、及时性、一致性、可获得性及可解释性等基本特点。其中，准确性与可信度是当前政府统计数据最受关注与质疑的方面，也是本书对数据质量评估的主要方面。

3. 评估过程

（1）评价指标的选择。

评价指标主要选取四个一级指标：分别是内容质量指标、表述质量指标、约束质量指标及满意质量指标。在此基础上，根据统计数据质量的内涵，选择二级指标，其中内容质量的二级指标为数据的及时性、准确性、相关性和完整性；表述质量的二级指标为易操作性、可比性和可衔接性；约束质量的二级指标为有效性、可取得性、客观性和透明性；满意质量的二级指标为用户满意度、可理解性与实际性以及可信度。

（2）指标比率表的确定。

内容质量、表述质量、约束质量、满意质量的比率表是根据金勇进、傅德印（2005）等专家的经验判断，结合政府统计实际情况，再运用9分位比率计算4类指标的平均分而得，按9分位比率比较，计算得出一级指标比率表，见表6-7：

表6-7　　　　　　　　　一级指标比率表

	内容质量	表述质量	约束质量	满意质量
内容质量	1	1/6	3	1/2
表述质量	1/3	1	1/7	1/4
约束质量	6	1/5	4	5
满意质量	2	1	7	1

(3) 判断矩阵及权重的确定。

根据表 6-7，构建判断矩阵为：$R_1 = \begin{bmatrix} 1 & 3 & 1/6 & 1/2 \\ 1/3 & 1 & 1/7 & 1/4 \\ 6 & 7 & 1 & 5 \\ 2 & 4 & 1/5 & 1 \end{bmatrix}$

将 R_1 归一化为正规化矩阵得到：

$$R_2 = \begin{bmatrix} 0.1610 & 0.1610 & 0.1610 & 0.1610 \\ 0.0556 & 0.0556 & 0.0556 & 0.0556 \\ 0.5452 & 0.5452 & 0.5452 & 0.5452 \\ 0.2381 & 0.2381 & 0.2381 & 0.2381 \end{bmatrix}$$

其中矩阵主对角线元素数值是根据评价体系计算出来的权重，分别为：

$$W_1 = 0.1610, W_2 = 0.0556, W_3 = 0.5452, W_4 = 0.2381,$$
$$W = [W_1 \quad W_2 \quad W_3 \quad W_4]。$$

从而可得矩阵：$S = R_1 \times W = \begin{bmatrix} 0.5377 \\ 0.2467 \\ 3.0909 \\ 0.8915 \end{bmatrix}$

所以 $S_1 = 0.5377$，$S_2 = 0.2467$，$S_3 = 3.0909$，$S_4 = 0.8915$。

计算可得最大特征值 $g_{max} = 4.1539$，一致性指标 CI $= 0.0513$。又因为随机一致性指标 RI $= 0.89$，所以相容比 CR $= 0.0576 < 0.1$。因此，其权重分别为内容质量：0.1610，表述质量：0.0556，约束质量：0.5452，满意质量：0.2381。其权重越大，表示其对数据质量影响的越大。

上述是对 4 个一级指标的分析，下面对一级指标对应的二级指标进行层次分析。

(4) 二级指标比率表计算。

根据数据质量的内涵，各一级指标设置的二级指标如表 6-8 所示。其二级指标也按 9 分位比率计算得来。

表 6-8 二级指标比率表

主体	标度	1	2	3	4	5	6	7	8	9	均值
内容质量	准确性 U_{12}/及时性 U_{11}				1	3	3	1			5.58
	相关性 U_{13}/及时性 U_{11}	2	3	1							1.73
	完整性 U_{14}/及时性 U_{11}		3	3							2.51
	准确性 U_{12}/相关性 U_{13}				1	4	2				4.23
	准确性 U_{12}/完整性 U_{14}				1	2	2				4.78
	相关性 U_{13}/完整性 U_{14}	5	1	1							1.45
表述质量	可比性 U_{22}/易操作性 U_{21}			2	3	3	1				4.36
	易操作性 U_{21}/可衔接性 U_{23}	2	3	2							2.02
	可比性 U_{22}/可衔接性 U_{23}			3	2	2	1	1			4.87
约束质量	可取得性 U_{32}/有效性 U_{31}			1	1	3	2				4.89
	客观性 U_{33}/有效性 U_{31}			2	2	3					4.15
	有效性 U_{31}/透明性 U_{34}		2	4							2.56
	可取得性 U_{32}/客观性 U_{33}	1	3	3							2.27
	可取得性 U_{32}/透明性 U_{34}				1	3	3				5.28
	客观性 U_{33}/透明性 U_{34}				2	5	1				5.01
满意质量	用户满意度 U_{41}/可理解性 U_{42}	1	3	2							2.02
	实际性 U_{43}/用户满意度 U_{41}					5	1	1			5.44
	用户满意度 U_{41}/可理解性 U_{44}				2	4	1				4.76
	实际性 U_{43}/可理解性 U_{42}				4	2	2				5.78
	可理解性 U_{42}/可信度 U_{44}				3	4					4.58
	实际性 U_{43}/可信度 U_{44}							4	2	1	7.46

由表 6-8 及其矩阵,再根据一级指标的评估方法,同理分别可得内容质量、表述质量、约束质量和满意质量比率表,再根据比率表,可得内容质量、表述质量、约束质量和满意质量判断矩阵,由此得到各考核项目的权

第6章 基于 SAM 的我国宏观统计数据质量评估

重。最终确定的数据质量指标权重见表6-9。

表6-9中，内容质量的设计为统计数据内容指标设计准确性的描述；表述质量的设计为宏观统计数据表达形式以及表述方式的准确性与合理性；约束质量的设计为宏观统计数据本身对相应其所要表达的政策意图以及经济内容的反映与体现，包括是否可以约束未来政策行为以及市场的投资行为；满意质量的设计则是指人们对于宏观统计数据本身满意度的评价与表现。

表6-9 统计数据质量指标权重设计表

序号	考核项目	权重	序号	指标名称	权重
1	内容质量的设计	0.1610	(1)	及时性	0.1161
			(2)	准确性	0.5871
			(3)	相关性	0.1325
			(4)	完整性	0.1643
2	表述质量的设计	0.0557	(1)	易操作性	0.3324
			(2)	可比性	0.2754
			(3)	可衔接性	0.3922
3	约束质量的设计	0.5452	(1)	有效性	0.1539
			(2)	可取得性	0.3683
			(3)	客观性	0.3748
			(4)	透明性	0.1030
4	满意质量的设计	0.2381	(1)	用户满意度	0.2537
			(2)	可理解性	0.2135
			(3)	实际性	0.1869
			(4)	可信度	0.5448

由上述分析可知，当前对宏观统计数据质量比较重视的是约束质量，其权重远大于另三项，也就是说用户希望宏观统计数据能够真正有效，数据可

获取性较强，数据更加公正透明。

以上基于 AHP 设计宏观统计数据质量评估指标，在评估宏观统计数据质量时，对总体宏观统计数据质量进行比较综合时，维度指标的分类将有助于更加具体地评估宏观统计数据质量，因此有必要建立宏观统计数据质量的评估体系。

6.2.1.3 宏观统计数据质量评估体系构建

1. 构建原则

根据以上分析结果，构建宏观统计数据质量的评估体系，这一评估体系将有利于完善政府宏观统计数据质量的管理体系。

为保证宏观统计数据质量评估指标体系的有效性，本文认为在构建宏观统计数据质量评估体系时应该遵循 5 个原则，即科学性原则、代表性原则、系统性原则、可操作性原则和可衔接性原则。

科学性原则要求要紧扣统计数据质量的内涵，有效体现宏观统计数据质量的本质或主要特征。代表性原则要求各个指标要能够从某个角度上充分代表所反映的要素，从整体上来说，反映同一要素的所有指标对所反映的要素要具有代表性。系统性原则是指各个评估指标间应该满足完备性和互斥性两条基本性质。可操作性原则是指各个评估指标的数据必须能够有效地搜集到。可衔接性原则是指各个评估指标的选取应该做到有章可循、有据可依，从而确保指标体系的专业性与实用性。

2. 具体构建

根据以上分析，结合实证检验结果，以及对统计数据质量概念的界定，本文评估指标的选择中主要选取 4 个一级指标分别是：内容质量指标、表述质量指标、约束质量指标及满意质量指标。在此基础上，根据统计数据质量的内涵，选择二级指标，其中内容质量的二级指标为数据的及时性、准确性、相关性和完整性；表述质量的二级指标为易操作性、可比性和可衔接性；约束质量的二级指标为有效性、可取得性、客观性和透明性；满意质量的二级指标为用户满意度、可理解性、实际性和可信度。

具体的评估指标构建见表 6-10。

表6-10　　　　　　　宏观统计数据质量评估体系

一级指标	二级指标	三级指标
统计数据质量 X	内容质量 X_1	及时性 X_{11} 准确性 X_{12} 相关性 X_{13} 完整性 X_{14}
	表述质量 X_2	易操作性 X_{21} 可比性 X_{22} 可衔接性 X_{23}
	约束质量 X_3	有效性 X_{31} 可取得性 X_{32} 客观性 X_{33} 透明性 X_{34}
	满意质量 X_4	用户满意度 X_{41} 可理解性 X_{42} 实际性 X_{43} 可信度 X_{44}

根据统计数据质量的内涵，上述统计数据质量评估体系，基本具备了能较好地衡量与评估宏观统计数据质量的功能。

由表6-9、表6-10可以看出，准确性和可信度是影响统计数据质量最主要的指标，这两个指标在指标体系中权重最高，分别为0.5871和0.5448。

对宏观统计数据质量评估时，首先，重点选择准确性和可信度评价指标，其中准确性利用K-S检验法进行评估，可信度利用匹配法、Benford法则进行评估；其次，运用模糊综合评价法对宏观统计数据质量进行总体评估。

6.2.2　K-S法在宏观统计数据质量准确性评估中的应用

6.2.2.1　检验评估假设

宏观统计数据质量的准确性检验评估的假设如下：

（1）当宏观统计数据质量相对较高时，数据一般会符合社会经济运行的规律。在进行检验时相对拟合误差会较低,其近似相伴概率则相对要高,反之则数据质量较低。

(2) 当宏观统计数据质量相对较高时,统计数据在准确性指标上表现得尤其高,反之则数据质量较低。

6.2.2.2 指标选择及数据来源

从宏观统计数据质量的评估体系可知,对于二级指标来说,准确性指标在一级指标内容质量里表现得异常突出,权重比其他三个指标都大,说明人们对这一指标是非常重视的,人们关注更多的统计数据质量问题实际上为准确性问题。

以下对我国宏观经济重要统计指标数据质量的准确性进行评估和检验。

宏观经济状况主要通过宏观经济指标来体现,主要指标包括国内生产总值(GDP)、经济增长率、外汇储备、货币供应量、利率、通货膨胀率、居民消费价格指数(CPI)、失业率、固定资产投资、工业增加值、股票价格指数等重要宏观经济指标。在这里,基于数据的可获得性及其对宏观经济指标的重要程度,选取了10个相对重要的经济指标,这些指标基本可反映宏观经济的总体情况,同时也作为检验宏观经济统计数据质量的内容载体。这些指标分别为国民生产总值GDP(X_1)、固定资产投资总额(X_2)、财政收入与支出比(X_3)、城镇居民可支配收入(X_4)、居民消费总额(X_5)、全社会竣工房屋总面积(X_6)、参加基本养老保险的人数(X_7)、全社会投资总规模(X_8)、教育投资投入规模(X_9)、医疗机构床位数(X_{10})。

6.2.2.3 K-S检验方法介绍

正态分布是统计学里最常见的一种随机变量的分布,很多社会经济现象在大样本情形下都近似服从正态分布。在统计推断和检验中正态分布也居于非常重要的地位,它为抽样的概率估计提供简便的方法。要对待定分布进行假设检验,检验方法一般采用的是皮尔逊χ^2检验、经验分布EDF型检验以及K-S检验等假设检验法。对于检验方法,χ^2检验针对的是离散型分布,在对连续型分布的总体进行分析时,通常需将其离散化,这样会损失一些有用的信息，这样检验效果不理想。因此在对连续型总体进行检验时，χ^2检验并不是理想的检验方法，故可选择 EDF 检验或 K-S 检验。EDF 检验主要用于判断经验分布以及假设分布之间的差别化，它是适用于小样本数据，在分析大样本数据时其方法并不适合。相反 K-S 检验则是侧重于找到实际分布与理论分布之间的最大差距，比较适合用于大样本，另外 K-S 检验法相对更精确些。因此，综合考虑，在这里采用 K-S 法来评估宏观统计数据的准确性。

K-S 检验方法是统计学中对一组数据统计分析时经常会使用到的方法之一，此方法是把做统计分析的一组数据与另一组标准数据进行比较，求得它和标准数据之间的偏差。通常在 K-S 检验中先要算出需要做比较的两组观察数据的累积分布函数，接着求这两个累积分布函数数值相差的最大值 D，然后再查表以确定 D 值是否落在所要求相应的置信区间里。假如 D 值落在此置信区间内，则可以表明被检测的数据是满足相关要求的，反之亦然。

K-S 检验的步骤为：

第一步，提出原假设：$H_0: F(x) = F_0(x)$。一般情况下 $F_0(x)$ 为对数正态分布函数，其密度函数为 $f(x) = \begin{cases} \dfrac{1}{\sqrt{2\pi}\sigma x} e^{-\dfrac{(\ln x - \mu)^2}{2\sigma^2}}, & x > 0 \\ 0, & x \leq 0 \end{cases}$。

第二步，检验统计量：$Z = \sqrt{n} \max(|F_n(x_{i-1}) - F(x_i)|, |F_n(x_i) - F(x_i)|)$，其中 $F_n(x)$ 为累积频率函数，定义：$D = \max(F_n(x) - F_0(x))$。在一定的显著性水平 α 下，$D > D(n, \alpha)$ 时，拒绝 H_0，反之则接受 H_0。

上述步骤在实例操作中通常采用 SPSS 统计软件进行。

6.2.2.4 K-S 实证评估检验

检验评估的指标数值主要来源于附表 3 及附表 4，部分数据来源于《中国统计年鉴（2013）》，应用 SPSS 软件，采用 K-S 检验法，检验数据的对数正态性。检验步骤如下：

原假设 H_0：数据服从对数正态性。

在 SPSS 软件里对各指标输入数据进行 K-S 检验步骤，如果近似相伴概率值都大于显著性水平 α，则说明指标数据均服从原假设。相对拟合误差

为：$\beta = \left| \dfrac{e^{\hat{\mu}+\frac{\hat{\sigma}^2}{2}} - \frac{1}{n}\sum_{i=1}^{n} x_i}{e^{\hat{\mu}+\frac{\hat{\sigma}^2}{2}}} \right|$，如果 β 比较小，则说明数据的准确性比较好，最后得到宏观经济数据准确性检验结果见表 6-11。

表 6-11　　　　　　宏观经济数据准确性检验结果

指标名称	近似相伴概率 p	相对拟合误差 β （%）
国内生产总值 GDP（X_1）	0.763	12.2451
固定资产投资总额（X_2）	0.827	10.5811
财政收入与支出比（X_3）	0.789	9.1424
城镇居民可支配收入（X_4）	0.827	10.0387
居民消费总额（X_5）	0.927	11.8821
全社会竣工房屋总面积（X_6）	0.883	9.3641
参加基本养老保险的人数（X_7）	0.982	8.2346
全社会投资总规模（X_8）	0.847	13.2214
教育投资投入规模（X_9）	0.792	3.5661
医疗机构床位数（X_{10}）	0.823	9.6835

由表 6-11 可以看出，选取的宏观社会经济总量指标都通过了检验，并且所有的指标相对拟合误差 $\beta < 15\%$。由此说明，目前现有的宏观层面的统计数据本身的质量具有比较高的准确度。其中全社会竣工房屋总面积、财政收入与支出比、参加基本养老保险的人数和教育投资投入规模等数据可靠性更高。但是也要看到，GDP、全社会建设总规模等经济指标的数据准确性要差一点。要想真正提升和完善目前宏观统计数据质量依然有很多的工作要做，必须从内容质量、表述质量、约束质量和满意质量四方面来制定更加合理的宏观统计数据质量管理和约束机制，同时要兼顾现阶段影响宏观统计数据质量的关键因素，有针对性地加以把控，这样才能保证宏观统计数据质量准确性不断提高。

6.2.3 匹配法在宏观统计数据质量可信度评估中的应用

我国通常用GDP作为衡量经济运行最终成果的标志，GDP由各地统计局统计汇总而成，在上报的过程中或多或少有一定的泡沫和水分。2007年，李克强任辽宁省委书记时运用工业耗电量、铁路货运量和贷款发放量这三个指标来分析辽宁省的经济运行状况。此衡量方法得到了花旗银行等众多国际机构的认可，英国《经济学人》2010年正式将其命名为"克强指数"，以此作为评估中国经济增长量的指标。相对于GDP的统计，"克强指数"三个指标不仅数据易于核实，而且更符合我国的经济特征，与地方的GDP崇拜无关，更能挤出一般统计中的水分。三个指标从工业生产、能源消耗和经济运行状态三个方面更能真实、精确地反映我国经济运行现状。

相关学者对GDP数据质量的研究无论是在定性和定量的角度，还是在理论研究和实践操作方面都提出了许多有参考价值的见解，但从已有的文献来看，GDP数据质量还有很大的研究空间：一是之前对GDP进行评估时，几乎都没有对基本假设条件进行说明，从而使得在对GDP数据质量的评估过程中，可能会将一些由于经济现象本身的突变所导致的GDP数据的变化误判成是异常值；二是在选择相关的数据指标进行计量经济学建模时，仅仅只是从数据的表现形式研究，有可能会造成所选择的关联性指标与GDP数据只是存在阶段性的匹配，从而存在伪回归的问题；三是与GDP匹配的指标自身的准确性等问题也很少纳入数据评估，这就涉及了评判官方的数据质量标杆的问题。基于此，应着眼于对我国GDP进行数据质量评估。

6.2.3.1 我国GDP数据质量匹配因素的理论分析

GDP即国内生产总值是国民经济核算的核心指标，是以货币形式表现的一定时期内（一个季度或一年）一个国家（或地区）的经济中所生产出来的全部最终成果（产品和劳务）的价值总和。从匹配性角度评估我国GDP的数据质量，主要应寻找与其具有关联性的统计指标作为匹配因素，与国内生产总值相关联的指标有很多，相对于其他指标而言，组成"克强指数"的三个指标能更真实、精确地反映我国 GDP 现状。因为，现代工业生产与能源消耗密切相关，因而工业耗电量的多少，可以准确反映我国工业生产的活跃度以及工厂的开工率；铁路作为承担我国货运的最大载体，故而"铁路货运量"的多少，既能反映经济运行现状，又可反映经济运行效率；而对于间接融资占社会融资总量高达 84% 的我国而言，贷款发放量既可反映市场对当前经济的信心，又可判断未来经济的风险度。由此可见，选取"克强经济"三个指标作为 GDP 的核心关联性指标较为合适。

据此提出以下基本假设：GDP 与工业用电量、铁路运输量和银行中长期贷款具有系统匹配性，且在时间上具有动态可变性。所以，从匹配性角度出发，需要选取反映动态系统结构的模型对我国 GDP 进行数据质量评估，而向量自回归模型（VAR）恰好符合该特征，故可以采用 VAR 模型对我国 GDP 数据质量进行评估。

6.2.3.2 基于匹配性的我国 GDP 数据质量评估模型的构建

1. 指标选取及数据来源

根据前述理论分析及其基本假设，对我国 GDP 的数据质量进行评估主要涉及工业用电量（P）、铁路货运量（S）和银行中长期贷款（L）三个与之相匹配的指标。确定好指标以后，需要确定研究指标的数据频率和时间。因为 GDP 没有月度数据，有的指标没有收集到季度数据，所以，选取 GDP 的年度数据来进行数据质量评估，数据主要来源于附表 3、附表 4 及《2012 年中国社会核算矩阵研究》①中生产账户、金融机构账户分解，数据的时间范围为 1985～2012 年（共 28 个数据），数据的空间范围是全国。为了消除异方差和指数化趋势，对纳入模型的相关变量均进行了取对数处理，分别记为 lnGDP、lnP、lnS、lnL。计量分析均采用 EViews7.0 软件进行。

2. 基本理论模型的设定

根据 GDP 与"克强经济"的三个指标的匹配关系和基于匹配性的 GDP

---

① 数据来源：李宝瑜等：《中国社会核算矩阵研究》，中国统计出版社，2014。

第 6 章 基于 SAM 的我国宏观统计数据质量评估

数据质量评估的假设，GDP 与工业用电量、铁路货运量和银行中长期贷款四者之间存在较为稳定的相关关系、相互依赖的内在匹配性，利用 VAR 模型既可以分析四者之间是否匹配，还可以对它们之间的动态关系进行研究，进而对 GDP 数据质量进行评估，评估的基本思路是借助 VAR 模型来寻找 GDP 与工业用电量、铁路运输量和银行中长期贷款在一定经济条件下不相符的样本点。

根据向量自回归分析理论，得到基于匹配性的 GDP 的数据质量评估理论模型如下：

$$Y_t = \partial_1 + \sum_{i=1}^{p} \partial_{1},Y_{t-1} = \partial_1 + \sum_{i=1}^{p} \partial_{1,2i} X_{1,t-i} + \sum_{i=1}^{p} \partial_{1,3i} X_{2,t-i}$$
$$+ \sum_{i=1}^{p} \partial_{1,4i} X_{3,t-i} + \varepsilon_{1t} \tag{6.1}$$

$$X_{1,t} = \partial_2 + \sum_{i=1}^{p} \partial_{2,1i} Y_{t-i} + \sum_{i=1}^{p} \partial_{2,2i} X_{1,t-i} + \sum_{i=1}^{p} \partial_{2,3i} X_{2,t-i}$$
$$+ \sum_{i=1}^{p} \partial_{2,4i} X_{3,t-i} + \varepsilon_{2t}$$

$$X_{2,t} = \partial_3 + \sum_{i=1}^{p} \partial_{3,1i} Y_{t-i} + \sum_{i=1}^{p} \partial_{3,2i} X_{1,t-i} + \sum_{i=1}^{p} \partial_{3,3i} X_{2,t-i}$$
$$+ \sum_{i=1}^{p} \partial_{3,4i} X_{3,t-i} + \varepsilon_{3t}$$

$$X_{3,t} = \partial_4 + \sum_{i=1}^{p} \partial_{4,1i} Y_{t-i} + \sum_{i=1}^{p} \partial_{4,2i} X_{1,t-i} + \sum_{i=1}^{p} \partial_{4,3i} X_{2,t-i}$$
$$+ \sum_{i=1}^{p} \partial_{4,4i} X_{3,t-i} + \varepsilon_{4t}$$

式（6.1）中，t 为时间下标，Y_t 为第 t 期 GDP，$X_{1,t}$ 为第 t 期的工业用电量，$X_{2,t}$ 为第 t 期铁路货运量，$X_{3,t}$ 为第 t 期银行中长期贷款。

6.2.3.3 基于匹配性的 GDP 数据质量评估的实证分析

1. 实证分析模型的构建

使用向量自回归模型，首先需要考察相关变量的平稳性，同时，为了减少异方差的影响，前面已对相关变量进行了取对数处理，笔者采用 ADF 方法对各变量进行单位根检验，检验结果如表6-12所示。

表6-12 单位根检验

变量	ADF值	临界值（10%）	P值	检验结果
LNGDP	2.111351	-1.60907	0.9894	非平稳
LNP	2.485597	-1.609329	0.9955	非平稳
LNS	1.072055	-1.608793	0.9208	非平稳
LNL	2.398026	-1.609329	0.9945	非平稳
D（LNGDP,2）	-3.508393	-1.608175	0.0013	平稳
D（LNP,2）	-5.232393	-1.608793	0.0000	平稳
D（LNS,2）	-6.464617	-1.608793	0.0000	平稳
D（LNL,2）	-6.003492	-1.608793	0.0000	平稳

从表6-12可以看出，各变量原始序列的对数值均在10%的显著性水平上没有拒绝"存在单位根"的零假设，各序列都不平稳，但经过二阶差分之后P值都小于0.05，且ADF的值均小于10%水平下的临界值，拒绝"存在单位根"的零假设，所以原始序列对数的二阶差分是平稳序列。

通过多次实验，我国GDP与工业用电量、铁路货运量和银行中长期贷款之间存在动态的依赖关系，因此可以建立无约束的VAR模型。根据AIC和SC准则，由表6-13可以看出，滞后期为1时的AIC（-15.57062）和SC（-14.60286）均小于滞后期为2时的AIC（-15.56664）和SC（-13.82466），所以确定最优滞后期为1，对模型进行参数估计，模型的整体拟合效果较好，进而得到GDP与工业用电量、铁路货运量和银行中长期贷款四个指标之间的回归方程：

$$Y = \begin{matrix} 10.1370 + 0.6671Y(t-1) + 1.9955X1(t-1) \\ (5.32166) \quad (-5.44531) \\ -1.8338X2(t-1) - 0.2293X3(t-1) \\ (-6.28031) \quad (0.26429) \end{matrix} \quad (6.2)$$

$$R^2 = 0.998444 \quad \bar{R}^2 = 0.998161 \quad F = 3529.499$$

模型（6.2）的 AIC 和 SC 值分别为 -15.57062 和 -14.60286 都较低，通过检验模型是稳定的，即所有根的模的倒数都小于 1，位于单位圆内。从模型的整体检验和参数的显著性检验结果可以看出，模型（6.2）较好地刻画了我国 GDP 与工业用电量、铁路货运量和银行中长期贷款之间的动态结构与匹配关系，可以利用该模型对我国 GDP 的数据质量进行评估。

表 6-13 滞后期的选择

滞后期数	1	2
AIC	-15.57062	-15.56664
SC	-14.60286	-13.82466
HQ	-15.29194	-15.06501
Log likelihood	44.93157	52.62547

注：根据 AIC 和 SC 值系定义为无约束 VAR 模型。

2. 数据质量的判断标准

判断 GDP 数据质量是否可疑，还需要给定判断标准，可以构造 GDP 相对误差系数指标作为判断标准。相对误差系数 δ_t 用来测量第 t 期实际观测 GDP 与 GDP 估计数据的相对误差，如果相对误差超过某一标准时，则可认为该期 GDP 的数据质量可疑。其中，相对误差系数 δ_t 的计算公式为：$\delta_t = \dfrac{Y_t - \hat{Y}_t}{Y_t}$。如果第 t 期的 GDP 统计数据相对误差系数的绝对值满足：$|\delta_t| = \left|\dfrac{Y_t - \hat{Y}_t}{Y_t}\right| \geq 0.05$，则认为该期 GDP 估计的相对误差较大，说明该期的 GDP 统计数据质量可疑。

3. 评估结果及其分析

GDP 相对误差系数见表 6-14。

表 6-14　　　　　　　　GDP 相对误差系数

年份	δ_t	年份	δ_t	年份	δ_t	年份	δ_t
1985	-0.0177	1992	-0.0196	1999	-0.0088	2006	-0.0183
1986	-0.0194	1993	-0.0182	2000	-0.0142	2007	-0.0172
1987	-0.0207	1994	-0.0134	2001	-0.0076	2008	-0.0093
1988	-0.0188	1995	-0.0135	2002	-0.0127	2009	-0.0081
1989	-0.0158	1996	-0.0089	2003	-0.0126	2010	-0.0081
1990	-0.0180	1997	-0.0082	2004	-0.0128	2011	-0.0088
1991	-0.0179	1998	-0.0081	2005	-0.0141	2012	-0.0118

从表中可以看出，1985 年到 2012 年这 28 个年份中，GDP 整体的数据质量整体较好，变动幅度相对较小，所有年份的 GDP 相对误差系数的绝对值都小于 0.05，数据质量较稳定，总的来说数据质量在逐步改善。

图 6-3 为 1985~2012 年我国 GDP 数据相对误差系数变化曲线图。

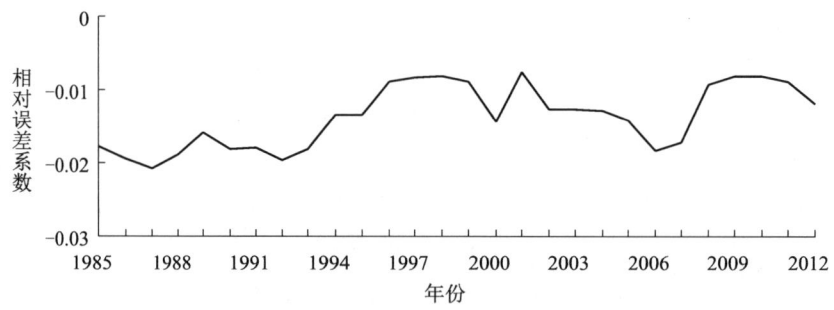

图 6-3　基于匹配性的 GDP 数据质量评估结果

从图 6-3 可以看出，我国 GDP 的数据在允许误差范围之内，根据数据特征看，可以将这 28 个年份分成 3 个阶段，1985~1992 年、1993~1999 年、2000~2012 年，从图 6-3 可以明显看出，1985 年到 1992 年的相对误差系数变动较为平稳，但数据质量是这 3 个阶段中最差的，这是因为 1985 年到 1992 年间，我国处在 MPS 和 SNA 两种核算体系共存阶段，一直到1985年国家统计局才第一次计算GDP。之后GDP核算制度一直在不断完善与发展之中。国家统计局在1992年才开始实施《中国国民经济核算体系（试行方案）》，从而使得1991年以前的GDP数据质量相对较差。1992年到1999年的数据质量逐步改善，是因为1993年的十四届三中全会全面提出了建立社会主义市场经济体制，因而1992年到1998年是我国社会主义市场经济发展和完善的时期。由于经济体制的改革，加之GDP核算制度的不断完善，使得1992年到2000年的GDP数据质量逐步得到改善。在2000年到2012年这13年间，我国的社会主义市场经济已经相对的完善，2000年国家统计局制定了《中国国民经济核算体系（修改本）》（征求意见稿），广泛地征求理论和实际部门的意见。经过多年的实践，在总结经验的基础上，国家统计局颁布了《中国国民经济核算体系(2002)》。至此，我国国民核算模式实现了向SNA的全面转型，所以，该阶段内的年份的GDP数据质量相对更好一些，变动幅度也较适中。数据质量从总体上是不断提高的，近年来相对误差有逐渐减少的趋势，说明GDP数据质量整体上可靠，数据质量也不断得到提升，其误差基本上在控制范围5%之内。

6.2.3.4 基本结论

通过对我国GDP单个指标数据与之相关指标数据匹配性的实证分析，发现我国1985年至2012年的GDP年度数据基本上在误差控制范围之内，且近几年数据质量有逐步提高之趋势，说明我国GDP统计数据质量整体上是比较可靠的，根据基于"克强指数"的GDP数据质量评估的基本理论，结合实证分析的结果，得到如下理论：

（1）基于我国的宏观经济数据，构建"克强指数"各变量与我国GDP匹配关系的VAR模型，模型显示"克强指数"与我国GDP的匹配性非常高。

（2）基于"克强指数"角度的GDP数据质量整体上是较好的，"克强指数"为我们提供了一个全新的、真实的、客观的视角来衡量我国的GDP的运行与发展。研究表明,"克强指数"的三个指标不仅与我国 GDP 之间存在密切的联系,且能在一定程度上更真实地反映我国 GDP 的运行和发展的现状。

(3) 从相对误差系数的结果来看,我国 GDP 的数据质量存在阶段性的特征,我们可以将这些年份分成三个阶段。第一阶段为 1985 年到 1992 年,数据质量相对较差一些;第二阶段为 1993 年到 1999 年,数据质量有逐步改善的趋势;第三阶段为 2000 年到 2012 年,数据质量整体较好,而这与我国的国民经济核算改革的进程以及国内外的经济环境是脱不开关系的。

6.2.4 Benford 法则在宏观统计数据质量可信度评估中的应用

6.2.4.1 检验评估假设

对数据的可信度指标进行检验,是验证政府统计数据质量的重要标准。当政府统计数据质量相对较高时,其可信度指标一般较高,人们会对政府统计数据更有信赖感。

6.2.4.2 Benford 法则简介

在满足某一条件下,Benford 法则为整数 1 至 9 的大量统计数据首位数字出现的概率分布。依据 Benford 法则,每个统计数据的出现概率是呈现规律性的,数字 1 到 9 在数字首位上出现的频率不是我们认为 1/9,而是以 "1" 或 "2" 领头的 "小数字" 出现的概率要比以 "8" "9" 开始的大数字出现的概率要大很多。近年来,随着统计调查与统计分析的兴起,借助于现代计算机数值分析技术与方法,Benford 法则在统计分析中应用越来越广泛。

Benford 法则是由美国数学家与天文学家赛蒙·纽卡姆于 1881 年发现的。当在查资料要使用对数表来进行计算时,赛蒙·纽卡姆忽然发现到对数表的第一页要比其他页更加破烂。这一偶然发现激发起了他对此的研究兴趣。通过多次的统计分析,他发现了这些数字都比较好的适合如下规律:以 "1"

第 6 章 基于 SAM 的我国宏观统计数据质量评估

为首位数的随机数要比以"2"为首位数的随机数出现的概率要大,依此类推都是成立的。他随后还发现在这些出现的数字中,"1"在数字中首位出现的概率大概是 30%,"2"在数字中首位出现的概率大概是 17%,"3"在数字中首位出现的概率大概是 12%,而"8"和"9"在数字中第一位出现的概率大概是 5% 和 4%。这一规律被称为 Benford 法则。

Benford 法则的数学表达式为:

$$P_n = \frac{\int_n^{n+1} P(x) dx}{\int_1^{10} P(x) dx} = \log_{10}\left(1 + \frac{1}{n}\right) \qquad n = 1, 2, \cdots, 9 \qquad (6.3)$$

根据(6.3)式,可以得到数据期望概率表,见表 6 - 15。

表 6 - 15   数字 1 ~ 9 在数据首位上出现的期望概率

n	P_n	n	P_n	n	P_n
1	0.30103	4	0.09691	7	0.057992
2	0.176091	5	0.079181	8	0.051153
3	0.124939	6	0.066947	9	0.045758

把上述表格表示成柱状图,如图 6 - 4 所示。

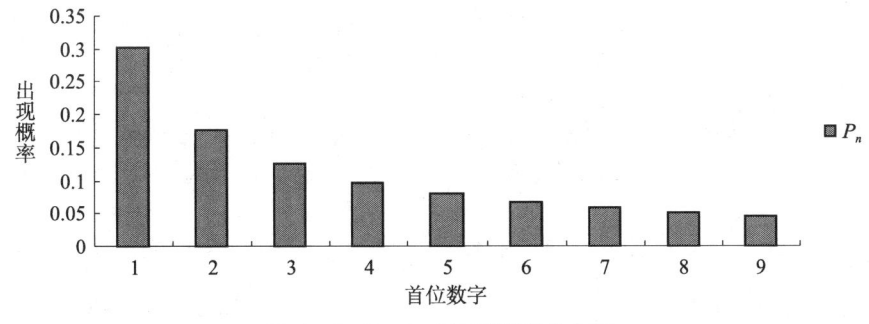

图 6 - 4 Benford 法则概率分布图

类似地,还可以得到上述数字在多位数中各数字出现的期望概率,如表 6 - 16 所示。

表 6-16　　各数字在多位数中出现的期望概率

数字	第一位	第二位	第三位	第四位
0		0.11968	0.10178	0.10018
1	0.30103	0.11389	0.10178	0.10014
2	0.17609	0.10882	0.10097	0.1001
3	0.12494	0.10433	0.10057	0.10006
4	0.09691	0.10031	0.10018	0.10002
5	0.07918	0.09668	0.09979	0.09998
6	0.06695	0.09337	0.0994	0.09994
7	0.05799	0.09035	0.09902	0.0999
8	0.05115	0.08757	0.09864	0.09986
9	0.04576	0.085	0.09827	0.09982

Benford 法则揭示了数字 1 至 9 在不同位数上出现的概率。利用 Benford 法则可以检验各类统计数据的可信度问题。假如某行统计数据出现异常情况，例如可能受到统计方法的限制呈现出非自然状态，则此种数据的实际分布和 Benford 法则理论分布存在较大程度的差别。通常认为会计、统计、税收、金融与证券市场的多数数字都能比较好地符合 Benford 法则。

6.2.4.3　Benford 法则运用于数据质量评估检验的步骤与原理

1. 设定 Benford 法则概率函数

Benford 法则的期望分布是一对数分布，其标准差公式表示为：

$$S_i = [P_i \times (1 - P_i)/n]^{\frac{1}{2}}$$

S_i 表示从 1 到 9 每个数字的标准差；P_i 表示 Benford 法则的分布概率；n 表示样本数据量。

2. Z 检验

Z 检验经常被用来分析数据是否超出了一定的可信赖水平线，所以 Z 检验能被用来验证统计数据的可信度指标。Z 检验的公式可以表示如下：

第6章 基于 SAM 的我国宏观统计数据质量评估

$$Z = \frac{\left(|p'_i - p_i| - \frac{1}{2n}\right)}{S_i} \tag{6.4}$$

在这里 p'_i 代表被测数据的实际分布概率；P_i 代表 Benford 法则的分布概率；S_i 代表从 1 到 9 每个数字的标准差；n 表示样本数据量。

依据（6.4）式得出的 Z 值假如是 1.96，表明显著性水平是 0.025，也说明了可信度是 97.5%。

3. 实际操作步骤

（1）首先输入或整理统计的样本数据。把样本数据输入到 Excel 电子表格的第 A 列。

（2）调整样本数据。Benford 法则要求数据非零、非负，统计数据若符合 Benford 法则的要求，则直接将统计数据输入到 Excel 电子表格中。

（3）截取样本数据的首位数字。在 B 列的第一行，输入函数：[= LEFT（A1，1）]。

（4）计算 B 列数字 1 到 9 出现的频数。于 C 列的第 1 行至第 9 行分别输入公式：[= COUNTIF（B1:Bn，1）]，[= COUNTIF（B1:Bn，2）]，……[= COUNTIF（B1:Bn，9）]，这样在 C 列就能输出得到样本首位数字 1 至 9 出现的频数。

（5）计算数据中首位数字 1 到 9 出现的频率。在 D 列第一行输入公式：[= C1/n]，下拉到第 9 行。这样在 D 列中就会依次计算出数字 1 至 9 在数据首位数上出现的频率。

（6）与 Benford 法则分布进行比较。在 E 列的前九行中输入 Benford 法则的分布概率，在 F 列的第一行中输入公式：[= D1 - E1]，这样就求得所检验的数据分布与 Benford 法则分布的差异值分别是多少。

（7）进行绘图及分析。利用 Excel 的绘图功能绘制出实际分布和理论分布的分布图，可以清楚地看出二者之间的差异，并进行评估分析。

运用 Benford 法则分析数据应满足如下条件：数据不是完全随机的，数据整体呈自然状态分布；数据不能过度地集中在某一个特定区间内；数据是连续变动的；数据不能被特别赋值，不能受人为干扰的影响；数据的形成是多种因素综合作用的结果。

一般来说,各级政府统计部门公布的数据是综合性的数据。这些统计数据是通过以下三种渠道得来的,一是通过直属的调查队直接调查取得;二是由各级政府统计部门逐级上报汇总取得;三是取自其他部门统计调查的结果。在整个搜集数据的过程中,会受到各种因素的影响,数据的形成是多种因素综合作用的结果。政府统计数据满足 Benford 法则分析数据的条件,所以 Benford 法则在政府统计数据质量的可信度分析中有很强的适用性。

6.2.4.4 基于 Benford 法则的宏观统计数据质量评估

仍然选取 6.2.2 中的 10 个宏观统计指标,即国民生产总值 GDP (X_1)、固定资产投资总额 (X_2)、财政收入与支出比 (X_3)、城镇居民可支配收入 (X_4)、居民消费总额 (X_5)、全社会竣工房屋总面积 (X_6)、参加基本养老保险的人数 (X_7)、全社会建设总规模 (X_8)、教育投资投入规模 (X_9)、医疗机构床位数 (X_{10}),各指标数值主要来源于附表 3、附表 4,部分数据来源于《中国统计年鉴(2013)》。利用 Excel 软件,检验结果见表 6-17。

表 6-17　　　　　　　首位数字各项检验结果

首位数字	P_i	S_i	Z 值	可信度(%)
1	0.311034	0.014035	0.642804	74.29
2	0.188659	0.021759	0.094456	54.54
3	0.135816	0.009458	0.385765	65.91
4	0.104287	0.018421	1.01478	81.42
5	0.080182	0.008557	0.608528	73.42
6	0.067724	0.008059	1.106542	83.46
7	0.057995	0.005497	0.183498	58.54
8	0.062247	0.007248	0.406821	66.57
9	0.050648	0.006827	1.850047	89.53

第6章 基于SAM的我国宏观统计数据质量评估

根据统计学理论，一般认为，当 $0.998 < r \leq 1$ 时，两组数据之间的相关程度很高，数据可信；当 $0.97 < r \leq 0.998$ 时，两组数据之间的相关程度较高，数据比较可信；当 $r \leq 0.97$ 时，这两组数据之间的相关程度比较低，数据可信度也不大。经过计算，相关系数 $r = 0.98261$，$0.97 < r \leq 0.998$，说明实际统计数据的分布概率与 Benford 法则分布概率的相关程度较高，统计数据比较可信。而且从表 6-17 中还可以看出，被检验数据的可信度是比较高的，每位数字的可信度都在 50% 以上。

从被检验数据的数值分析图（见图 6-5）可以看出，被检验的数据基本符合 Benford 法则。

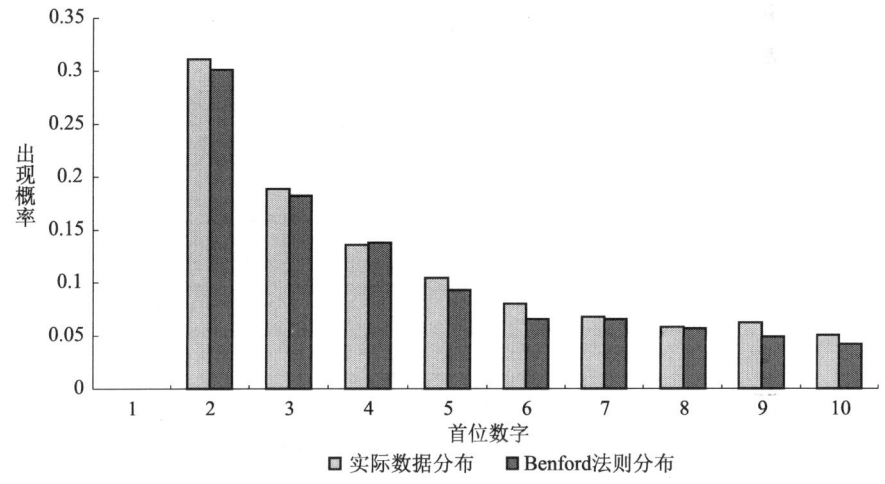

图 6-5 被检验数据的数值分析结果

从图 6-5 可以看出，首位数字出现的概率几乎呈现逐渐递减的趋势。从图 6-5 还可以看出，以数字 "4" "6" "9" 开头的数据可信度是非常高的，都在 80% 以上。但是，以数字 "2" "7" 开头的数据分布概率与 Benford 法则的分布概率有一定的差距，可能是因为有异常数据的存在而导致的差异，应当引起重视。

由 6.2.2 节知，选取的 10 个社会经济总量指标数据服从对数正态分布，在这里，再采用正态分布异常点的识别法进行异常点的识别，识别出的异常数据如表 6-18 所示。

表 6-18　　　　　　　　　异常数据识别结果

异常数据个数	异常数据指标
2	国内生产总值 城镇居民可支配收入
2	固定资产投资总额 居民消费总额

剔除以上异常数据后，再重复开始所进行的本福德检验步骤，可得表 6-19 与图 6-6。

表 6-19　　　　　　剔除异常数据后首位数字检验结果

首位数字	P_i	S_i	Z 值	可信度（％）
1	0.315643	0.014507	0.610248	73.46
2	0.179652	0.01529	0.092347	52.37
3	0.128814	0.009241	0.472513	69.06
4	0.103471	0.009207	0.96814	82.27
5	0.085247	0.008018	0.1249	56.38
6	0.068249	0.007485	0.879515	79.58
7	0.056284	0.006721	0.276419	60.24
8	0.063205	0.006839	0.100259	53.26
9	0.052406	0.005951	1.431028	92.1

经过计算，相关系数 $r=0.99854$，$0.97<r\leqslant 0.998$，说明实际数据的分布概率与 Benford 法则分布概率的相关程度较高，数据是比较可信的。从表 6-19 中也可以看出，剔除了异常数据后，被检验数据的可信度仍然比较高，每位数字的可信度都在 50% 以上。同时，在剔除了异常数据后，被检验数据基本上是与 Benford 法则相互吻合，首位数字出现的概率几乎也呈现逐渐递减的趋势。

但要注意到，以数字"2""7"开头的数据的分布概率与 Benford 法则的分布概率依然有一定的差距，但从表 6-19 可知，首位数字是"2""7"

第 6 章 基于 SAM 的我国宏观统计数据质量评估

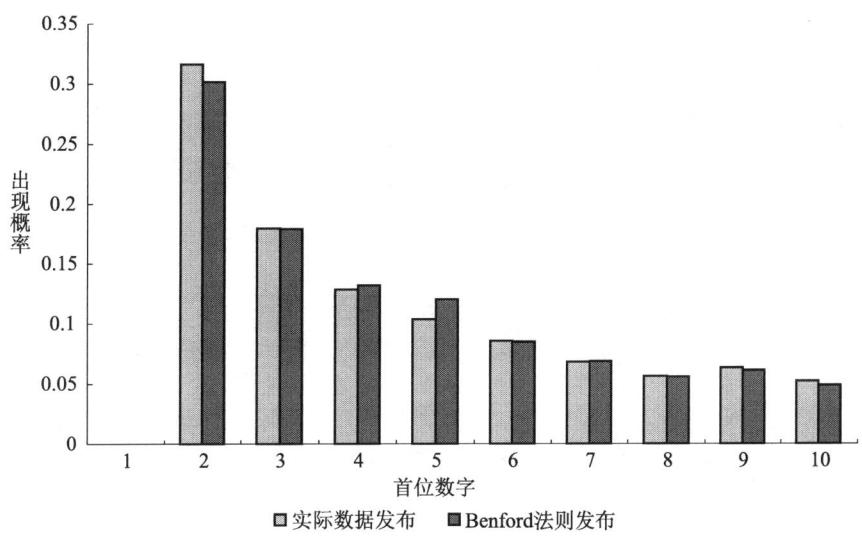

图 6-6 剔除异常数据后的检验数值分析结果图

的数据可信度还是比较高的。这说明在大样本检验中，异常数据的存在对整体检验结果的影响并不显著，数据整体还是服从 Benford 法则的特性。

通过对剔除异常数据前后分别对选取的指标数据进行检验的结果，可以得出结论：剔除异常数据前后，所选取的宏观统计指标数据分布与 Benford 法则的相关程度都是比较高的，但是分布存在一定的差异。产生差异可能的原因是：一是样本数据量本身不够大，造成数据分布具有一定的随机性，使得数据分布与 Benford 法则的分布有一定的差异；二是选取的数据指标较少，使得数据来源有限，假设能选取多种不同数据来源的数字，使之交织在一起，验证效果可能会更好。尽管被检验数据的分布与 Benford 法则的实际分布有一定的差异，但是这并不表明宏观统计数据质量不可信，由 Z 检验的结果可以看出，宏观统计数据质量的可信度是比较高的。

6.2.5 模糊综合评价法在宏观统计数据质量总体评估中的应用

除了以上准确性和可信度检验外，还需要对宏观统计数据质量进行整体评估检验。本节运用模糊综合评价法对宏观统计数据质量进行总体评估。

6.2.5.1 模糊综合评价法

1. 定义

模糊集合理论（Fuzzy Sets）是由美国自动控制科学家查德（L. A. Zadeh）教授（1965）率先提出的，它用来表示事物发展的不确定性。模糊综合评价法是一种依据模糊数学的理论知识，将定性评价转变成定量评估的方法。这个方法具有结果清晰与系统性强的优点，较好地用以解决模糊和比较难以具体量化的问题，这正是非确定性问题所要解决的。模糊综合评价法能做到定性和定量因素的完美结合，从而能扩大数据信息量，进而使评估指标得到比较显著的提升。

进行评估时，评价者是从拟解决问题的诸多方面入手，依据历史经验来判断，做出"大、中、小""高、中、低""优、良、可以、劣"或"好、较好、一般、较差、差"等相应等级的模糊评估。运用模糊数学的分析方法，就能得到分析指标的定量综合评价结果，从而给决策提供合理的判定依据。

2. 模糊评价数学模型

（1）建立评判对象的因素集 $U = \{U_1, U_2, \cdots, U_n\}$。要对一个事物进行综合的评估，则要将这些评价因素组成一个待评价因素的有限集合，即 $U = \{U_1, U_2, U_3, \cdots, U_n\}$。

（2）建立评判集 $V = \{V_1, V_2, \cdots, V_m\}$。依据现实情况的不同，将判定标准划分为 m 个等级，分别记为 $V_1, V_2, V_3, \cdots, V_m$，构成一个评价的有限集合，即 $V = \{V_1, V_2, V_3, \cdots, V_m\}$。

（3）建立单因素评判。以单因素模型构造为例，若只着眼于及时性一个因素来评定该决策，则可采用民意测验的办法。假定统计调查的结果是：18%的调查对象说它"很好"，40%的调查对象说它"好"，37%的调查对象说它"一般"，其余5%的调查对象说"差"，那么此结果则可以用下面的模糊集合 B_1 来表述，即 $B_1 = [0.18, 0.40, 0.37, 0.05]$。

B_1 就是对被评对象所做的单因素评价。

（4）建立多因素评价集。在实际评价中，要综合各个评价因素的模糊集合,得到多因素评价集。由于每个待定因素的重要程度经常是互不相同的,基于这一事实,评价因素集合事实上是集合因素 U 上的一个模糊集合 A,它也是一个有限集合。

$$A = \frac{a_1}{u_1} + \frac{a_2}{u_2} + \cdots + \frac{a_n}{u_n}$$

通常表示为:$A = (a_1, a_2, \cdots, a_n)$,其中 a_i 表示 A 中对应元素的隶属程度,且 $a_i \in [0, 1]$,且满足 $\sum_{i=1}^{n} a_i = 1$。

将每个指标评价因素 A 进行模糊关系 R 变换,得到全部评估影响因素的模糊集合 B,即

$$B = A \cdot R = (a_1, a_2, \cdots, a_n) \cdot \begin{bmatrix} r_{11} & r_{12} & \cdots & r_{1m} \\ r_{21} & r_{22} & \cdots & r_{2m} \\ \cdots & \cdots & \cdots & \cdots \\ r_{n1} & r_{n2} & \cdots & r_{nm} \end{bmatrix}$$

(5)综合评价。在上式中 B 为模糊综合评价的评估结果,它的形式是一个 m 维的模糊行向量;而 A 为模糊评价因素权重的集合,它是一个 n 维模糊行向量;R 为从 U 到 V 的一个模糊关系,它是一个($n \times m$)的矩阵,其元素 r_{ij}($i = 1, 2, \cdots, n$;$j = 1, 2, \cdots, m$)代表从第 i 个因素开始,做出第 j 种评语的可能性程度,这个式子为模糊矩阵的乘积,其中 B 为:

$$B = (b_1, b_2, \cdots, b_m) \quad j = 1, 2, \cdots, m$$

由模糊综合评价的数学方程模型可得到,当评价元素增加时,并不会增添此评估问题的复杂性。在综合评价时,通常是让模糊向量 A 中各元素满足 $\sum_{i=1}^{n} a_i = 1$,式中 a_i 是对 u_i 重要程度的度量,即表示成因素 u_i 的权重,则向量 A 为评价因素的权重分配。

6.2.5.2 模糊综合评价过程

为了将定性问题转化为定量问题,结合 6.2.2 节中的 10 个宏观统计指标所构建的宏观统计数据质量评估指标体系,在附表 3、附表 4 数据来源基

础上,通过发放调查问卷,获得统计数据质量评估指标体系中各指标的评价值。调查对象为事业、企业单位的数据使用者、高校的大四学生和研究生,这些人员经常要使用各级政府统计部门发布的宏观统计数据,调查问卷见附录5。此次调查中共发放调查问卷150份,收回有效问卷137份。调查数据经整理后,得到统计数据质量的模糊综合评价表,见表6-20。

表6-20　　　宏观经济统计数据质量的指标综合评估

内容因素 A_i	子因素 U_i	模糊评价					权重
		很好	较好	一般	较差	很差	
内容质量 $a_1 = 0.4623$	及时性	13	28	24	14	7	0.55
	准确性	15	24	19	12	8	0.25
	相关性	35	27	16	6	5	0.12
	完整性	29	28	18	10	6	0.08
表述质量 $a_2 = 0.2513$	易操作性	13	14	24	12	11	0.3685
	可比性	15	23	34	15	12	0.4571
	可衔接性	14	28	31	16	10	0.1744
约束质量 $a_3 = 0.1206$	有效性	14	17	37	21	8	0.2549
	可取得性	15	18	32	24	11	0.4268
	客观性	14	18	42	14	6	0.1724
	透明性	13	14	39	21	12	0.1459
满意质量 $a_4 = 0.1658$	用户满意度	12	34	30	14	7	0.1429
	可理解性	16	19	24	16	9	0.1834
	实际性	18	19	27	17	13	0.3402
	可信度	17	28	13	12	8	0.3335

根据模糊综合分析评价方法,得到各一级指标内容质量、表述质量、约束质量及满意质量的模糊综合评价为:

第6章 基于 SAM 的我国宏观统计数据质量评估

$$b_1 = A_1^T R_1 = [0.55 \quad 0.25 \quad 0.12 \quad 0.08] \cdot \begin{bmatrix} 0.13 & 0.28 & 0.24 & 0.14 & 0.07 \\ 0.15 & 0.24 & 0.19 & 0.12 & 0.08 \\ 0.35 & 0.27 & 0.16 & 0.06 & 0.05 \\ 0.29 & 0.28 & 0.18 & 0.1 & 0.06 \end{bmatrix}$$

$$= [0.1853 \quad 0.3114 \quad 0.1640 \quad 0.2106 \quad 0.1287]$$

同理可得：

$$b_2 = [0.2034 \quad 0.2334 \quad 0.3042 \quad 0.1624 \quad 0.0966]$$
$$b_3 = [0.1348 \quad 0.2068 \quad 0.3469 \quad 0.1983 \quad 0.1132]$$
$$b_4 = [0.2459 \quad 0.1657 \quad 0.3217 \quad 0.1495 \quad 0.1172]$$

对于整体的统计数据质量，B 的每一个第一级指标 A_i 而言，上面计算得来的 b_i 就是 B 的单因素综合评价值，最大值分别为：31.4%、30.42%、34.69%、32.17%。根据最大隶属原则，可以将该统计数据的内容质量评为"较好"，表述质量评为"一般"，约束质量评为"一般"，满意质量也被评为"一般"。

同样的方法，可以计算得到二级指标的模糊综合评价为：

$$B = [B_1 \quad B_2 \quad B_3 \quad B_4 \quad B_5] = A^T \times R = [0.4623 \quad 0.2513 \quad 0.1206 \quad 0.1658] \cdot$$

$$\begin{bmatrix} 0.1853 & 0.3114 & 0.1640 & 0.2106 & 0.1287 \\ 0.2034 & 0.2334 & 0.3042 & 0.1624 & 0.0966 \\ 0.1348 & 0.2068 & 0.3469 & 0.1983 & 0.1132 \\ 0.2459 & 0.1657 & 0.3217 & 0.1495 & 0.1172 \end{bmatrix}$$

$$= [0.1824 \quad 0.2435 \quad 0.3241 \quad 0.1624 \quad 0.0876]$$

从计算结果可得问卷调查中的"很好、较好、一般、较差、很差"各种可能性分别是多少。其中 32.41% 是最大的，按最大隶属原则，可以认为人们对统计数据质量的评价为"一般"。从而得到统计数据在满意质量维度、质量类别、整体质量等指标上，评价结果排序从大到小的顺序依次为"一般""满意""不满意""很不满意"和"很满意"，表明数据用户对宏观统计数据质量的总体认同感从"一般"水平逐渐向"满意"水平转变。但是，在约束质量维度和质量类别方面，它刚刚达到"一般"水平，并且还有部分"不满意"。

第 7 章　提高宏观统计数据质量的对策建议

7.1　推动编制 SAM，提升整体宏观统计数据质量

7.1.1　加强 SAM 编制理论和方法研究

1968 年联合国发布了 SNA 的国际标准，核算结构以矩阵呈现，其核算矩阵涵盖了整个社会经济核算体系，并给出了 SAM 的建议表式。1993 年 SNA 首次对 SAM 方法进行了系统性的表述，即在保证资金流量来源和使用平衡的条件下，通过引入现有流量的替代分解或者新型流量来进行扩展和细化 SAM，货物和服务等用完整的矩阵型账户来实现。2008 年联合国 SNA 中，较规范地给出 SAM 标准和说明，但没有具体的编制方法。由于各国国情不同，统计基础和条件不同，国民经济核算工作要根据本国实际情况组织实施。编制 SAM，几乎涉及国民经济全部统计数据，其工作量大、面广、对编制技术和方法的专业水准要求很高、涉及经济核算理论和 SAM 编制理论和技术。而目前国内编制 SAM 仍处于探索和完善阶段，SAM 领域涉及的专家并不多，因此，需要国家层面组织专家进行深入细致的研究，同时加强 SAM 编制理论方法培训，切实提高 SAM 编制的理论方法水平。

7.1.2 国家统计部门编制和公布 SAM，保证 SAM 的权威性

国民经济核算把国民经济运行状况和彼此之间的联系通过账户体系来实现，包括由生产、收入分配、积累、资产负债、对外资产等账户体系，并利用账户体系核算国民经济整体。国民经济核算账户体系同时也是 SAM 编制的分类体系，在编制 SAM 时，只有协调与现有国民核算账户体系之间的关系，才能保证 SAM 与现有国民经济核算数据之间的协调。在 SNA 中，联合国统计委员会联合世界银行、IMF、经济合作与发展等国际组织共同发布和修订 SNA，其中 SAM 是 SNA 的数据表现和组织方式。很多国家如美国、俄罗斯、日本等都从国家的层面编制 SAM，一些发展中国家也在编制各自的 SAM。目前，我国还没有官方编制国家层面的 SAM，学术界基于不同的研究目的和使用要求，编制国家或地区 SAM，但账户分类不同，且仅仅是为了作为综合性 SAM 基础数据集，结合各自研究目的开展实际应用分析，还没有把评估和检验统计数据质量作为编制 SAM 的目的。因此，官方编制国家层面的 SAM，对协调和全面提升国民经济各子系统统计数据、国家与地方统计数据、综合部门与专业统计部门之间统计数据、部门之间宏观统计数据质量有重要的现实意义。只有国家结合现有国民经济核算，编制和公布 SAM，才能保证 SAM 分类体系与现有统计指标体系之间的协调，达到国家 SAM 框架容纳很多子系统数据，实现 SAM 部门账户的细分，保证 SAM 编制和公布的权威性，满足宏观及微观主体使用 SAM 的需求。

7.1.3 在 SAM 框架下，检验和评估统计数据质量

编制 SAM 几乎涉及 SNA 的全部账户数据，包括 GDP 核算数据、投入产出表、资金流量表、资产负债表、国际收支平衡表中的数据，这些数据单独核算，数据之间存在的问题很难发现，一旦将国民经济核算子系统整合到宏观 SAM 或细化的 SAM 框架下，通过 SAM 复式记账，国民经济核算数据及各子系统数据之间存在的数据不一致问题就会出现。

SAM 的编制过程也是统计数据质量评估过程，在这个过程中，国民经

济核算数据准确性问题或不协调问题暴露无遗。采用复式记账的 SAM 各账户，如果任何一个数据出现问题，通过积木式组合结构的传递，其他账户必然不平衡，从而不能编制出收支平衡的 SAM。从这个角度讲，宏观统计数据质量存在问题，其中一个原因是没有将核算数据整合到 SAM 框架中去，也就是说没有编制官方的 SAM。因此，编制 SAM 中，依据经济循环理论的 SAM 各账户依次排列组合，通过"来源"和"使用"项目的设计相互衔接，账户之间衔接出现的偏差可以在 SAM 整体平衡关系中找到误差出现的源泉，再结合 SNA 和经济核算相关理论方法，及时对可能造成误差的指标含义、核算方法、口径进行修正，使得各个账户与 SNA 不是各自为政，有利于保证核算数据的准确性，检验和评估核算数据的关联性、一致性，从而协调统计数据在综合核算和专业核算内部的平衡，从整体上提升统计数据的准确性，达到宏观经济数据的整体协调和提高统计数据质量的目的。

7.2 建立宏观统计数据质量评估框架

宏观统计数据质量的重点在于保证统计数据的准确性、有效性、可取得性和透明性。要结合统计数据质量的内涵，构建合理的宏观统计数据质量评估体系，多角度、全方位对统计数据质量进行评估。

7.2.1 推动我国宏观统计数据质量评估与国际接轨

为提高成员国宏观统计数据质量，20 世纪 90 年代中后期，IMF 和 Eurostat 先后制定了数据公布的国际准则，即数据公布通用系统（GDDS）和数据公布特殊标准（SDDS），通过规范统计数据生产中的指标概念、计算口径、计算方法、数据来源、编制方法、发布程序来保证成员国宏观统计数据质量，涉及社会人口、金融、财政、对外和实际5大统计部门，其主要内容包括宏观统计数据的统计范围、统计和公布数据的频率和及时性、公布统计数据的保证质量，公布数据的指标完整性和满足社会公众获取统计数据。为了进一步保证宏观统计数据质量，2003年IMF和Eurostat开发了《数据质量评估框架》（DQAF），从数据质量评估框架、法律和制度环境前提条件开始，提出统计数据质量的5个维度，包括质量的先决条件、准确性与可靠性、方法健全性、保证诚信、适用性以及可获得性，通过制定一系列质量标准，保证宏观统计数据质量的维度要求。欧盟统计局（ESS）和OECD为保证宏观统计数据质量，制定了严格的质量保证框架和措施。这些国际上数据质量评估框架和措施，虽然对宏观统计数据质量评估的重点和维度不同，但得到了国际社会的广泛关注和认可。2015年，中国正式加入SDDS，标志着我国在统计数据编制、发布制度和保证统计数据质量方面遵守SDDS全部标准和程序。今后，我们需要不断研究国际上不同的统计数据质量评估体系和框架，借鉴其统计数据质量管理的具体操作规范，结合SAN和SAM框架，逐步实现统计数据质量评估与国际接轨，建立适合我国的宏观统计数据质量评估框架。

7.2.2　基于SAM建立国家宏观统计数据质量保证框架

SAM作为综合性核算的数据体系，连接生产、消费、积累和分配各个环节，包含了社会经济系统中各类数据，且国民经济核算体系的基本核算表、国民经济账户和附属表在SAM框架下既自成体系，又相互衔接。以SAM为基础和质量评估主要举措，建立国家宏观统计数据质量评估框架，设计评估体系，评估统计数据质量，使统计数据能真实反映客观经济的运行状况，提高统计数据的公信力。参考联合国统计数据质量评估框架，我国统计数据质量保证框架包含如下要素：

总体情况：质量保证框架的总体说明，包括制定统计数据质量的标准和宗旨，与SNA的关系等。

质量措施：包括现有质量标准、与国际接轨的程序与机制、实现统计数据质量的软硬件条件、目标和具体内容、模型及保证数据质量的步骤。

质量评估：包括评估方法、评估体系，SAM统计数据质量评估框架的实现程序和步骤，SAM质量评估体系，包含自我评估、同行审议、质量审核和认证的质量评估方案。

质量改进：用于保证和不断改进统计数据质量的特有举措和机制，包括方案设计、实施和风险管理，质量保证改进措施及评估结果。

结论：包括数据发布和用户反馈。

可以看出，在质量框架要素中，以SAM为框架评估宏观统计数据质量，其核心在于基于SAM框架设计宏观质量评估体系，这也是评估方案能够实现的关键。在质量措施质量要素中，对相关软硬件建设和统计技术手段提出了更高的要求，如电话和互联网统计调查的工具，会极大提高统计调查效率，带来统计调查方式的重大变革；在大数据背景下，统计数据调查、分析及数据调整技术在统计数据质量提升中至关重要，是统计实践活动生产出高质量统计产品的重要保证。在结论质量保证要素中，作为参与统计活动的统计主体，如统计机构、政府各部门、企业和民众的舆论观念对统计数据质量有重要的影响，包括对统计产品、服务态度的观点和看法，对信息公布透明度的认识。提高统计数据的质量不仅要靠统计数据生产者，更离不开社会公众的支持。

7.3 进一步推进政府统计改革

7.3.1 完善统计管理体制

统计管理体制是宏观统计数据质量高低的关键。我国的统计管理属于集中型的"统一领导、分级负责"管理体制。从组织统计活动生产统计产品的管理主体来看，我国统计体系包括以国家统计局、地方（省、市、县、乡镇）统计机构及各级调查总队为主的政府综合统计系统、政府各部门为主的部门统计体系和企事业单位统计体系。国家统计局领导全国统计工作，对地方实行"双重领导、分级管理、条块结合、以块为主"的统计管理模式。由于行政隶属和职能交叉等原因，政府综合统计与部门统计在统计指标、核算口径、计算方法、指标代码等方面存在着差异，导致各部门对外公布的数据口径不一，出现同一指标在不同部门之间数据"打架"现象，严重影响了政府统计的公信力和形象。地方各级统计机构在名义上由地方政府和上级统计机构"双重领导"，但实际上地方政府仍处于领导地位，上级统计机构更多的是业务上的指导和行政审批。国家虽然成立了直属的调查队，但在人员和经费方面却是更多地依赖于地方政府，多数情况下也受地方政府的影响，地方政府的干预势必会影响统计数据的质量。如此一来，地方统计机构就丧失了自身的"独立性"，更多地会受制于地方政府。要改变这种局面，只有从改变现有的统计管理体制入手，提高地方统计机构的地位，确保其业务的"独立性"。统计系统应实行垂直管理，实施下放一级核算，中央应加强对地方统计机构人、财、物的支持，提高地方统计的抗干扰能力。在完善统计管理体制中，依法开展统计工作，逐步实施统计的独立性和中立性，减少人为干扰，才能真正确保基层统计数据的真实性，从而能更好地为各级政府提供更好的统计信息咨询服务。

7.3.2 加强政府统计的协调性

SNA、BPM、GFS 和 MFS 作为四大数据生产国际准则，相关国家根据各自的统计基础、依据这些准则建立本国的核算体系，统计指标采用相同的概念，指标定义、分类、数据来源及核算方法统一，功能定位明确，领域具体，指标体系之间协调一致。在综合统计的基础上，各部门统计各有侧重。为减轻统计工作量，实现各部门之间数据共享，统计体系之间需要既相互衔接，又协调一致，为政府宏观经济统计分析和数据需求者提供质量较高的统计数据。

政府综合统计和部门统计是政府统计的两大支柱，两者的协调一致是提高数据质量的重要保证。由于客观原因和主观因素，中国政府统计实践中，综合统计部门和各部门统计数据不协调性现象严重。综合统计对部门统计的协调能力不强，数据传送和审核等制度不完善，导致同一类数据存在多头发布的现象。相同的统计指标，使用同一定义，但在各部门具体核算中，统计口径、核算方法、资料来源等方面又不尽相同，统计数据之间"打架"问题时有发生，导致数据需求者和使用者在统计数据的理解和实施中出现问题。由于各部门统计数据信息难以实现共享，要提供优质的统计服务，必须协调好综合统计与部门统计的分工。首先，要对各部门统计范围进行定位和分工，确定各部门的统计任务；其次，从资源、能力和优势等方面确定统计分工；最后，处理好各统计部门的协作关系，解决好数据互补问题，避免重复统计和统计不足的现象。国家统计部门的统计数据要与中国人民银行、海关总署、卫生部、教育部等机构发布的数据有机整合，这样一方面方便用户获取政府统计数据，另一方面可避免同类数据的不可比现象，最终加强政府统计数据的公信力。

7.3.3 完善统计数据发布制度

数据发布作为统计工作的重要环节，其数据质量高低是衡量一个国家或地区统计能力的重要标志。目前，国际通行的数据发布标准为 SDDS 和 GDDS。我国虽然加入了 GDDS，但还属于尚未达到 SDDS 标准，在用户获取数据的便利性及统计数据发布及时性等方面，还没有达到 SDDS 的质量标准。因此，中国政府统计数据的透明度及质量标准引起了国内外的一些质疑。

作为世界第二大经济体，中国与世界经济密不可分，挑战与机遇同时存在，这就要求我们提供可比的统计数据，有利于加强我国与世界其他国家的国际交流与合作，提高政府统计的透明度和统计综合能力建设，也必将树立我国政府统计的权威性并体现统计亲民。鉴于此，中国政府应当摒弃旧的统计观念，进一步认识到数据公布环节的及时、完整和准确的重要性，并有针对性地提出相应的数据发布制度。笔者认为中国政府统计在统计数据的发布方面应该做好以下几点：一是按照中国加入 GDDS 制定的数据发布标准，对照 GDDS 的发布要求，对发布数据的覆盖范围、数据公布频率与及时性、公众可获取性、完整性及数据质量等方面提出相应的改进计划；二是摈弃旧的保密观念，按照 GDDS 要求，在有关国际组织和国内机构的网站或统计期刊，将反映实际部门（国民账户总量、价格指数、生产指数、劳动力市场指数）、财政部门（中央政府预算总量及债务）、金融部门（货币和信贷总量、中央银行广义货币总量、利率、股票市场）、对外部门（国际收支总量、对外债务和偿还计划、国际储备、商品贸易、汇率）、社会人口部门（人口、教育、医疗卫生、贫困）的统计数据及时公布；三是重视数据的公众获取的可理解性，数据发布的同时发布指标统计口径、编制方法和数据来源；四是建立数据公布审查制度，对拟公布的指标数据要协调相关部门对数据的匹配性进行事前质量评估，统计数据通过评估审查后才能公布，避免不准确的统计数据公布后可能产生不良的影响。

7.3.4 夯实基层统计基础建设

统计基础建设既是保证源头数据的重要环节，又是影响数据质量的薄弱环节。目前基层统计业务工作规范化还亟须加强，统计基层人员力量薄弱、工作条件差等问题在一定范围内还普遍存在。因此，加强统计基础工作建设不仅是统计改革自身发展的需要，更是提升统计数据质量的重要基础。

要加强统计基层建设，必须要建设一支高素质的统计人才队伍。要做好统计队伍的建设，关键要加强对统计人员的培训。"企业一套表"的开展对政府基层统计人员提出了更高的要求，这就需要经过专业培训，使各级的基层统计人员尽快熟悉业务流程、数据处理平台的多种功能及程序操作使用的方法等。此外，还要加强对统计人员的统计核心价值观教育，引导统计人员树立诚实可信的道德观、服务人民的基本宗旨观。

7.3.5 发挥统计法规的作用

统计法规是统计主体参与统计活动、确保统计数据质量的制度保障，也是推进统计标准化的前提。我国 1983 年正式颁布了《中华人民共和国统计法》，2010年颁布了修订后的《中华人民共和国统计法》，但在执行的过程中，出现了一定的问题，表现在统计法律环境尚不健全、调查者与调查对象权利与义务不对称、对统计违法行为的惩罚力度不够、缺少健全的统计管理协调机制、执法队伍不够健全等，使得统计法对统计工作的保驾护航作用不够、执行效力严重不足，造成统计法的威慑力不够。为此，应从源头上做好如下几个方面：

第一，将统计与执法结合起来。各级政府要投入人力、物力设立专门的统计执法机构，将统计与执法结合起来，依法进行统计。对于违反统计法规的组织和个人，要依法追究和通报，树立统计法规的权威性，发挥处理统计违法案件的警示作用。

第二，加大统计巡查力度。国家统计机构要定期到地方统计机构巡查，加大对统计调查过程、统计数据质量的巡查力度，特别是加大统计巡查的暗访活动，防止统计违法行为。对一些群众反映强烈、社会影响大的统计案件，在巡查的基础上还要开展回头看工作，防止违法行为的再次出现，增强统计巡查的震慑作用。

第三，加强统计法规的宣传教育工作。政府部门要投入一定的经费，利用网络、电视、报纸等媒介，通过开展宣讲、警示牌、统计开放日、统计标语及知识竞赛等形式，在统计机构或调查对象中深入有效地开展统计法规宣传教育活动。

第8章 结 论

随着社会经济的发展，人们对统计数据的需求不断增加，与此同时，统计理论界和实践部门对统计数据质量高度关注。国内外学者在统计数据质量方面进行了大量的研究，取得了一定的研究成果，但从社会核算矩阵（SAM）的视角研究统计数据质量问题还是一片空白。本书从核算模式或核算框架入手，基于SAM，从基础理论和方法、实证分析及提高统计数据质量对策三个方面对我国统计宏观数据质量问题进行研究。基础理论和方法部分主要界定统计数据质量的内涵，对国内外研究现状进行述评，梳理现有的统计数据质量评估方法，基于SAM的视角提出了评估宏观统计数据质量问题的新思路，详细剖析了基于国民经济核算的SAM及其宏观统计数据质量评估，并在SAM的编制过程中评估宏观统计数据质量，设计出基于SAM的宏观统计数据质量评估体系；实证分析部分主要编制了2012年中国宏观SAM，并基于2012年中国宏观SAM，综合利用构建的评估体系及现阶段评估统计数据质量的AHP法、K-S法、匹配法、Benford法则、模糊评价法对我国宏观统计数据质量进行实证评估；对策建议部分主要提出了提高中国宏观统计数据质量的对策建议。

本书的主要研究结论如下：

第一，界定了统计数据质量的内涵。结合国内外对统计数据质量内涵的理解，基于整合视角，笔者认为统计数据质量的含义主要包括准确性、相关性、及时性、一致性、可获得性、可解释性和可信度等基本特征指标，其中准确性、可信度是评估统计数据质量的最主要的指标。

第二，基于SAM提出了宏观统计数据质量准确性评估问题。从核算模式的角度看，SAM的构建为各类宏观统计数据的归纳和整合提供了一个框架，而且账户平衡的内在机理还可以检验数据的一致性，并帮助查找和调整宏观统计数据之间可能存在的矛盾，有效评估统计数据的准确性。

第三，提出了在国民经济核算资料与SAM账户数据转化中评估宏观统计数据质量。SAM可以看作是国民经济账户体系的集合，也可以看作是经济互动子系统的5张矩阵平衡表的集合，是国民经济平衡表体系的缩影。采用矩阵式平衡表，SAM反映国民经济复式记账的收入来源方与支出使用方相等，故SAM中行和与列和相等不是偶然的，而是遵循国民经济核算的基本原理。一方面，SAM的编制离不开国民经济核算理论与方法；另一方面，用矩阵的形式描述国民经济核算各个部分，是国民经济核算的工具。国民经济核算资料是SAM的重要数据来源，可利用SAM收支平衡的内在机理对来自于国民经济核算资料的宏观统计数据质量进行评估。

第四，SAM的编制过程也是宏观统计数据质量评估过程。SAM构建方法包括自上而下法（Top - Down）和自下而上法（Down - Top），在SAM的编制过程中，宏观SAM中各账户用复式记账来表示，对于来源渠道不一的数据以复式记账的形式被整合到统一的矩阵表中，各级账户中的"问题数据"就很容易显现出来，在这个过程中进行宏观统计数据质量评估。在利用账户数值平衡方法对造成彼此冲突的数据进行技术调整和平衡的过程，也是统计数据质量评估的过程。另外，在宏观SAM编制中，把税收政策、价格处理等问题作为编制SAM过程中"问题性"宏观统计数据质量辅助性评估方法。

第五，以"整体大于局部"和"充分利用现有条件"为宏观统计数据质量评估指导思想，遵循国民经济核算原理、账户平衡及总量控制原则，构建以SAM中的GDP生产法、收入法、支出法为等量的核算评估体系和SAM的复式账户各子账户之间的平衡评估体系。

第六，基于2012年中国宏观SAM，利用等量核算和账户平衡统计数据质量评估指标体系对我国宏观统计数据质量进行实证评估。实证评估结果表明，中国宏观统计数据质量准确性较高；利用 AHP 法、K-S 法、匹配法、Benford 法则、模糊评价法对我国宏观统计数据质量进行准确性、可信度和多维综合评估，实证评估结果表明，我国宏观经济统计数据准确性及可信度较高，数据用户对统计数据质量的总体认同感从"一般"水平逐渐向"满意"水平转变。

第七，提高我国宏观统计数据质量主要包括三个方面：一是推动编制 SAM，提升整体统计数据质量；二是建立宏观统计数据质量评估框架；三是进一步推进政府统计改革。

基于 SAM 对宏观统计数据质量问题研究是一个新的研究课题，同时也是一个庞大的工程，本书的研究在一定程度上拓展了宏观统计数据质量研究的理论与方法。由于时间和能力上的限制，本书在有些问题上研究的还不够深入或者说还存在缺陷，如仅从编制 SAM 过程中复式记账平衡及容易出现的问题入手、从 GDP 不同核算形式和账户内部平衡关系出发构建指标体系评估宏观统计数据质量，没有进一步结合国家全面质量管理体系等对统计数据质量进行综合评估研究；在对统计数据质量的多维研究中，除较详细地进行了准确性和可信度评估外，对其他维度评估方法仅进行了模糊综合评估，由于受到实证可操性瓶颈限制，没有做过多的理论和实证分析，这也是今后预期研究的方向。

参 考 文 献

[1] United Nations, *Handbook of Statistical Organization* (New York: Statistic Press Inc, 1980), 14—15.

[2] Wang, R. Y., Strong, D. M., "Beyond accuracy: What data quality means to data consumers," *Journal of Management Information Systems*, 1996, 12 (4): 5—34.

[3] Brackstone, G., "Managing Data Quality in a Statistical Agency," *Survey Methodology*, 1999, 25 (2): 139—149.

[4] Lee, D., Shon, A., "Korea's Experiences in Statistical Quality Assessment," http://www.statcan.gc.ca/pub/11-522-x/2001001/session7/6250-eng.pdf, 2002-09-12.

[5] Rawski, T. G., "What is Happening to China's GDP Statistics?," *China Economic Review*, 2001, 12 (4): 347—354.

[6] IMF, "Data Quality Assessment Framework for Producer price index," http://dsbb.imf.org/images/pdfs/dqrs_ppi.pdf, 2003-07-01.

[7] Eurostat, *ESS Standard for Quality Reports* (Luxembourg: Office for Official Publications of the European Communities), 2009.

[8] Statistics Canada, *Statistics Canada Quality Guidelines. 5th ed.* (Ottawa: Statistics Canada), 2009.

[9] Office for National Statistics, *Guidelines for measuring statistical quality. Version 3. 1.* (London: Office for National Statistics), 2007.

[10] "Australian Bureau of Statistics," *ABS Data Quality Framework*, www. abs. gov. au, 2009 - 05 - 04.

[11] FAO, *FAO Statistical Data Quality Framework: A multi-layered approach to monitoring and assessment*, Conference on Data Quality for International Organizations, Wiesbaden/Germany, 2004 - 05 - 27.

[12] Stone, "The social accounts from a consumer point of views," *Review of Income and Wealth*, 1966, 12 (1): 1—33.

[13] Reinert, K. A., D. W. Roland-Holst, *Social accounting matrices* (London: Cambridge University Press), 1997, 94—121.

[14] 许涤龙、叶少波：《统计数据质量评估方法研究述评》，《统计与信息论坛》2011 年第 7 期，第 3—14 页。

[15] 李纲：《政府统计数据质量研究》，中国统计出版社，2010。

[16] 陈开明：《统计数据质量诊断与管理研究》，浙江工商大学出版社，2010。

[17] 王华、金勇进：《统计数据质量评估：误差效应分析与用户满意度测评》，中国统计出版社，2010。

[18] 许涤龙、叶少波：《政府统计数据质量及其提高对策研究》，《湖湘论坛》2009 年第 6 期，第 92—95 页。

[19] 李金昌：《论什么是统计数据质量》，《统计与决策》1998 年第 9 期，第 6—8 页。

[20] 余芳东：《外国统计数据质量的含义、管理以及对我国的启示》，《统计研究》2002 年第 19 (2) 期，第 62—65 页。

[21] 杨辉：《统计数据质量的内涵与控制》，《中国统计》2006 年第 3 期，第 9—10 页。

[22] 徐淑荣：《影响统计数据质量的原因及对策分析》，《统计研究》1998 年第 15 (5) 期，第 67—68 页。

[23] 陈郁：《弄虚作假统计数字现象透视》，《中国统计》2002 年第 2 期，第 26—27 页。

[24] 陈顺章：《统计数据质量问题初探及对策》，《科技管理研究》2003年第6期，第102—103页。

[25] 陈凤兰、王秀勤：《统计数据质量的现状及对策》，《统计教育》2005年第6期，第56—57页。

[26] 金勇进、陶然：《中国统计数据质量理论研究与实践历程》、《统计研究》2010年第27（1）期，第62—67页。

[27] 傅德印、刘晓梅：《贯彻国际标准，建立健全统计数据质量管理与保证体系》，《统计研究》1994年第11（6）期，第47—50页。

[28] 傅德印：《论政府统计数据质量管理体系德原理与框架》，《财经问题研究》1999年第11期，第76—78页。

[29] 傅德印：《浅论政府统计数据质量管理控制技术体系》，《统计与信息论坛》2000年第15（3）期，第19—24页。

[30] 傅德印：《关于建立统计数据质量文档的思考》，《山西统计》2000年第2期，第3—4页。

[31] 余根钱：《统计数据全程质量管理初探（上篇）》，《中国统计》2008年第1期，第7—8页。

[32] 国务院普查办：《第二次全国经济普查数据质量抽查实施办法》，2009年。

[33] 余根钱：《统计数据全程质量管理初探（下篇）》，《中国统计》2008年第2期，第13—15页。

[34] 孟连、王小鲁：《对中国经济增长统计数据可信度的估计》，《经济研究》2000年第10期，第3—13页。

[35] 杨海山：《统计数据质量评估的组合模型》，《统计与决策》2001年第7期，第6—7页。

[36] 刘洪、黄燕：《我国统计数据质量的评估方法研究——趋势模拟评估法及其应用》，《统计研究》，2007年第24（8）期，第17—21页。

[37] 刘洪、黄燕：《基于经典计量模型的统计数据质量评估方法》，《统计研究》2009年第26（3）期，第91—93页。

[38] 刘浩澜、杨立勋：《基于 ARMA 的中国资金流量核算数据的质量判断——以资本形成总额为例》，《甘肃省经济管理干部学院学报》2008 年第 3 期，第 7—9 页。

[39] 周潮：《基于 SARIMA 模型的涉农贷款专项统计数据质量评估》，《甘肃金融》2008 年第 7 期，第 44—47 页。

[40] 许涤龙、周光洪：《组合模型对统计数据准确性检验的适用性研究》，《统计与决策》2009 年第 5 期，第 4—6 页。

[41] 卢二坡、黄炳艺：《基于稳健 MM 估计的统计数据质量评估方法》，《统计研究》2010 年第 27（12）期，第 16—22 页。

[42] 孔炯炯：《统计入世——我国离 GDDS 到底有多远》，《统计研究》2002 年第 19（7）期，第 48—50 页。

[43] 朱优江：《统计数据如何适应国际标准》，《统计与决策》2006 年第 12 期，第 70—71 页。

[44] 高艳云：《中美 CPI 数据质量的比较分析——基于国际货币基金组织的 DQAF 框架》，《统计研究》，2008 年第 25（11）期，第 51—56 页。

[45] 许涤龙、张芳：《统计信息质量的评价标准与模糊评价方法》，《统计与信息论坛》，2003 年第 18（9）期，第 12—16 页。

[46] 张芳：《建立政府统计数据质量的评价指标体系》，《统计与决策》2007 年第 2 期，第 53—54 页。

[47] 王华：《政府统计数据质量的用户满意度测评——基于多层次模糊综合评价的实证研究》，《商业经济与管理》2010 年第 5 期，第 62—70 页。

[48] 刘延年：《如何评价统计数据的质量与可靠性》，《统计研究》2002 年第 19（8）期，第 16—18 页。

[49] 卢二坡：《统计数据质量评估方法述评》，《统计与决策》2006 年第 12 期，第 70—71 页。

[50] 王华、金勇进：《统计数据准确性评估：方法分类及适用性分析》，《统计研究》2009 年第 26（1）期，第 32—39 页。

[51] 李金昌：《淡论政府统计的本质》，《中国统计》2005 年第 12 期，

第6—7页。

[52] 叶少波、占莉萍、许涤龙:《统计数据生产国际准则的比较研究及启示》,《统计与决策》2011年第15期,第4—7页。

[53] 许涤龙、叶少波:《统计数据质量评估方法研究述评》,《统计与信息论坛》2011年第26(7)期,第3—13页。

[54] 任若恩:《中国GDP统计水分有多大——评两个估计中国GDP数据研究的若干方法问题》,《经济学季刊》2002年第2(1)期,第37—52页。

[55] 成邦文、石林芬、杨宏进:《统计数据质量检查与异常点识别的模型与方法》,《系统工程》2001年第19(3)期,第85—89页。

[56] 成邦文、师汉民、王齐庄:《多维统计数据质量检验与异常点识别的模型与方法》,《数学的实践与认识》2003年第33(4)期,第1—7页。

[57] 傅德印:《利用探索性数据分析法对统计汇总数据进行质量控制的尝试》,《数理统计与管理》2001年第20(1)期,第12—17页。

[58] 李选举、向书坚:《失真数据的判别与估测模型》,《中南财经大学学报》1999年第1期,第114—115页。

[59] 王华、金勇进:《统计数据准确性评估的误差效应分析方法》,《统计与信息论坛》2009年第24(9)期,第10—16页。

[60] 张芳、李正辉:《政府统计数据质量管理的国际准则》,《统计与决策》2005年第1期,第44—45页。

[61] 国家统计局国民经济核算司:《中国国内生产总值核算手册》,2001年5月制订。

[62] 国家统计局国民经济核算司:《中国非经济普查年度GDP核算方法(第一版)》,中国统计出版社,2008。

[63] 高敏雪、李静萍、许健:《国民经济核算原理与中国实践(第二版)》,中国人民大学出版社,2007,第70页。

[64] 王华、金勇进:《统计数据质量与用户满意度:测评量表设计与实

证研究》,《统计研究》2010 年第 27（7）期，第 9—19 页。

[65] 许涤龙:《统计的国际接轨之我见》,《统计与决策》2007 年第 16 期，第 F0002—F0003 页。

[66] 向蓉美:《中国统计必须全面实行国际统计标准》,《上海统计》2003 年第 5 期，第 19—21 页。

[67] 曹向兰:《贯彻落实统计法，反对和制止统计弄虚作假》,《统计教育》2005 年第 7 期，第 57—59 页。

[68] 皮垂燕:《我国统计数据质量存在的问题及政策取向》,《经济师》2007 年第 7 期，第 48—50 页。

[69] 马克卫、李宝瑜:《社会核算矩阵编制中的数据衔接问题研究》,《统计与信息论坛》2012 年第 6 期。

[70] 万兴、范金、胡汉辉:《社会核算矩阵不同更新方法的比较研究》,《统计研究》2010 年第 2 期，第 77—82 页。

[71] 李善同、李强、齐舒畅等:《中国经济的社会核算矩阵》,《数量经济技术经济研究》1996 年第 1 期，第 42—48 页。

[72] 李宝瑜、马克卫:《中国社会核算矩阵编制方法研究》,《统计研究》，2011 年第 9 期，第 19—24 页。

[73] 侯瑜:《理解变迁的方法：社会核算矩阵及 CGE 模型》，东北财经大学出版社，2006，第 1—37 页，第 91—163 页。

[74] 王其文、李善同:《社会核算矩阵原理、方法和应用》，清华大学出版社，2008。

[75] 范金、郑庆武:《中国地区保险—经济—社会核算矩阵的编制与分析》,《开发研究》，2004 年第 1 期，第 1—6 页。

[76] 国家统计局核算司:《2007 年中国投入产出表》，中国统计出版社，2009，第 1—5 页。

[77] 李金华:《中国国民经济核算体系的扩展与延伸——来自联合国三大核算体系比较研究的启示》,《经济研究》，2008 年第 3 期，第 125—137 页。

[78] 曾五一等:《中国政府统计数据质量问题研究》，社会科学文献出

版社，2016。

［79］邱东、吕光明：《国家统计数据质量管理研究（上、下册）》，北京师范大学出版集团，2016。

［80］李宝瑜等：《中国社会核算矩阵研究》，中国统计出版社，2014。

附录1　2012年中国投入产出表部门分类及代码

I级分类		II级分类			I级分类		II级分类		
代码	部门名称	代码	部门名称	调查代码	代码	部门名称	代码	部门名称	调查代码
1	农林牧渔业	1	农业	1001	6	食品制造及烟草加工业	20	调味品、发酵制品制造业	14020
		2	林业	2002			21	其他食品制造业	14021
		3	畜牧业	3003			22	酒精及酒的制造业	15022
		4	渔业	4004			23	软饮料及精制茶制造业	15023
		5	农、林、牧、渔服务业	5005			24	烟草制品业	16024
2	煤炭开采和洗选业	6	煤炭开采和洗选业	6006	7	纺织业	25	棉、化纤纺织及印染精加工业	17025
3	石油和天然气开采业	7	石油和天然气开采业	7007			26	毛纺织和染整精加工业	17026
4	金属矿采选业	8	黑色金属矿采选业	8008			27	麻纺织、丝绢纺织及精加工业	17027
		9	有色金属矿采选业	9009			28	纺织制成品制造业	17028
5	非金属矿及其他矿采选业	10	非金属矿及其他矿采选业	10010			29	针织品、编织品及其制品制造业	17029
6	食品制造及烟草加工业	11	谷物磨制业	13011	8	纺织服装鞋帽皮革羽绒及其制品业	30	纺织服装、鞋、帽制造业	18030
		12	饲料加工业	13012			31	皮革、毛皮、羽毛（绒）及其制品业	19031
		13	植物油加工业	13013	9	木材加工及家具制造业	32	木材加工及木、竹、藤、棕、草制品业	20032
		14	制糖业	13014			33	家具制造业	21033
		15	屠宰及肉类加工业	13015	10	造纸印刷及文教体育用品制造业	34	造纸及纸制品业	22034
		16	水产品加工业	13016			35	印刷业和记录媒介的复制业	23035
		17	其他食品加工业	13017			36	文教体育用品制造业	24036
		18	方便食品制造业	14018	11	石油加工、炼焦及核燃料加工业	37	石油及核燃料加工业	25037
		19	液体乳及乳制品制造业	14019			38	炼焦业	25038

— 175 —

续表

I级分类			II级分类			I级分类		II级分类		
代码	部门名称	代码	部门名称	调查代码	代码	部门名称	代码	部门名称	调查代码
12	化学工业	39	基础化学原料制造业	26039	14	金属冶炼及压延加工业	57	炼铁业	32057
		40	肥料制造业	26040			58	炼钢业	32058
		41	农药制造业	26041			59	钢压延加工业	32059
		42	涂料、油墨、颜料及类似产品制造业	26042			60	铁合金冶炼业	32060
		43	合成材料制造业	26043			61	有色金属冶炼及合金制造业	33061
		44	专用化学产品制造业	26044			62	有色金属压延加工业	33062
		45	日用化学产品制造业	26045	15	金属制品业	63	金属制品业	34063
		46	医药制造业	27046	16	通用、专用设备制造业	64	锅炉及原动机制造业	35064
		47	化学纤维制造业	28047			65	金属加工机械制造业	35065
		48	橡胶制品业	29048			66	起重运输设备制造业	35066
		49	塑料制品业	30049			67	泵、阀门、压缩机及类似机械的制造业	35067
13	非金属矿物制品业	50	水泥、石灰和石膏的制造业	31050			68	其他通用设备制造业	35068
		51	水泥及石膏制品制造业	31051			69	矿山、冶金、建筑专用设备制造业	35069
		52	砖瓦、石材及其他建筑材料制造业	31052			70	化工、木材、非金属加工专用设备制造业	36070
		53	玻璃及玻璃制品制造业	31053			71	农、林、牧、渔专用机械制造业	36071
		54	陶瓷制品制造业	31054			72	其他专用设备制造业	36072
		55	耐火材料制品制造业	31055	17	交通运输设备制造业	73	铁路运输设备制造业	37073
		56	石墨及其他非金属矿物制品制造业	31056			74	汽车制造业	37074
							75	船舶及浮动装置制造业	37075
							76	其他交通运输设备制造业	37076

续表

Ⅰ级分类			Ⅱ级分类			Ⅰ级分类			Ⅱ级分类		
代码	部门名称	代码	部门名称	调查代码		代码	部门名称	代码	部门名称	调查代码	
18	电气机械及器材制造业	77	电机制造业	47095							
		78	输配电及控制设备制造业	48096							
		79	电线、电缆、光缆及电工器材制造业	49097		26	建筑业	95	建筑业		
		80	家用电力和非电力器具制造业	50098							
		81	其他电气机械及器材制造业	51099				96	铁路运输业	52100	
19	通信设备、计算机及其他电子设备制造业	82	通信设备制造业	40082				97	道路运输业	53101	
		83	雷达及广播设备制造业	40083		27	交通运输及仓储业	98	城市公共交通业	54102	
		84	电子计算机制造业	40084				99	水上运输业	55103	
		85	电子元器件制造业	40085				100	航空运输业	56104	
		86	家用视听设备制造业	40086				101	管道运输业	57105	
		87	其他电子设备制造业	40087				102	装卸搬运和其他运输服务业	58106	
20	仪器仪表及文化办公用机械制造业	88	仪器仪表制造业	41088				103	仓储业	59107	
		89	文化、办公用机械制造业	41089		28	邮政业	104	邮政业	60108	
21	工艺品及其他制造业	90	工艺品及其他制造业	42090		29	信息传输、计算机服务和软件业	105	电信和其他信息传输服务业	61109	
22	废品废料	91	废品废料	43091				106	计算机服务业	62110	
23	电力、热力的生产和供应业	92	电力、热力的生产和供应业	44092				107	软件业		
24	燃气生产和供应业	93	燃气生产和供应业	45093		30	批发和零售业	108	批发和零售业	63111	
25	水的生产和供应业	94	水的生产和供应业	46094						65112	

续表

I级分类 部门名称	代码	II级分类 部门名称	代码	调查代码	I级分类 部门名称	代码	II级分类 部门名称	代码	调查代码
住宿和餐饮业	31	住宿业	109	66113	水利、环境和公共设施管理业	37	水利管理业	121	79130
		餐饮业	110	67114			环境管理业	122	80131
金融业	32	银行业、证券业、其他金融活动	111	68115			公共设施管理业	123	81132
				69116	居民服务和其他服务业	38	居民服务业	124	82133
		保险业	112	71118			其他服务业	125	83134
房地产业	33	房地产业	113	70117	教育	39	教育	126	84135
				72119	卫生、社会保障和社会福利业	40	卫生	127	85136
				72120			社会保障业	128	86137
				72121			社会福利业	129	87138
租赁和商务服务业	34	租赁业	114	72122	文化、体育和娱乐业	41	新闻出版业	130	88139
		商务服务业	115	73123			广播、电视、电影和音像业	131	89140
		旅游业	116	74124			文化艺术业	132	90141
				74125			体育	133	91142
研究与试验发展业	35	研究与试验发展业	117	75126			娱乐业	134	92143
综合技术服务业	36	专业技术服务业	118	76127	公共管理和社会组织	42	公共管理和社会组织	135	93144
		科技交流和推广服务业	119	77128					
		地质勘查业	120	78129					

附录2 2012年中国投入产出基本流量表（8部门）

（按当年生产者价格计算）

单位：万元

<table>
<tr><th rowspan="3">投入</th><th rowspan="3">代码</th><th colspan="9">产出</th></tr>
<tr><th rowspan="2"></th><th>农林牧渔产品和服务</th><th>采掘业</th><th>制造业</th><th>建筑</th><th>交通运输、仓储和邮政</th><th>批零、住宿、餐饮</th><th>金融</th></tr>
<tr><th>1</th><th>2</th><th>3</th><th>4</th><th>5</th><th>6</th><th>7</th></tr>
<tr><td colspan="10">中间使用</td></tr>
<tr><td rowspan="8">中间投入</td><td>代码</td><td>—</td><td></td><td></td><td></td><td></td><td></td><td></td><td></td></tr>
<tr><td>农林牧渔产品和服务</td><td>1</td><td>123205603</td><td>250030</td><td>472045025</td><td>10930661</td><td>7950149</td><td>26006483</td><td>6441</td></tr>
<tr><td>采掘业</td><td>2</td><td>59549</td><td>71600277</td><td>692492389</td><td>8118007</td><td>579645</td><td>39255</td><td>0</td></tr>
<tr><td>制造业</td><td>3</td><td>202429715</td><td>139306089</td><td>4802092195</td><td>761526891</td><td>185816278</td><td>115891463</td><td>34100610</td></tr>
<tr><td>建筑业</td><td>4</td><td>81428</td><td>1254026</td><td>13142183</td><td>37351141</td><td>4876174</td><td>2775646</td><td>5071291</td></tr>
<tr><td>运输邮电业</td><td>5</td><td>10845115</td><td>12965250</td><td>223159665</td><td>43498087</td><td>88028965</td><td>29207298</td><td>12337777</td></tr>
<tr><td>批零、住宿、餐饮</td><td>6</td><td>13979198</td><td>9537624</td><td>294124810</td><td>33897366</td><td>21547336</td><td>38752736</td><td>27608870</td></tr>
<tr><td>金融保险业</td><td>7</td><td>11048752</td><td>18437785</td><td>181943474</td><td>38561060</td><td>51499557</td><td>31590410</td><td>36484766</td></tr>
<tr><td>其他服务业</td><td>8</td><td>20024705</td><td>38534309</td><td>411962807</td><td>122755943</td><td>81520956</td><td>148546094</td><td>159137767</td></tr>
<tr><td colspan="2">中间投入合计</td><td>TII</td><td>370625314</td><td>273447605</td><td>6909019073</td><td>1018078096</td><td>390319503</td><td>361218975</td><td>238262755</td></tr>
<tr><td rowspan="4">增加值</td><td>劳动者报酬</td><td>VA001</td><td>529963186</td><td>104384851</td><td>691732005</td><td>224617185</td><td>110306924</td><td>211793059</td><td>110239772</td></tr>
<tr><td>生产税净额</td><td>VA002</td><td>-28956569</td><td>61720317</td><td>344400850</td><td>51214681</td><td>7405971</td><td>171664854</td><td>39314016</td></tr>
<tr><td>固定资产折旧</td><td>VA003</td><td>22581542</td><td>27440588</td><td>270783619</td><td>16459285</td><td>50200597</td><td>38607529</td><td>9100456</td></tr>
<tr><td>营业盈余</td><td>VA004</td><td>0</td><td>68987607</td><td>502716944</td><td>75756625</td><td>61433568</td><td>171613880</td><td>193223256</td></tr>
<tr><td colspan="2">增加值合计</td><td>TVA</td><td>523588159</td><td>262533364</td><td>1809633419</td><td>368047776</td><td>229347060</td><td>593679322</td><td>351877500</td></tr>
<tr><td colspan="2">总投入</td><td>TI</td><td>894213473</td><td>535980969</td><td>8718652492</td><td>1386125872</td><td>619666563</td><td>954898297</td><td>590140254</td></tr>
</table>

基于社会核算矩阵（SAM）的宏观统计数据质量问题研究

续表

投入		产出		中间使用		最终使用				合计
						居民消费支出		最终消费支出	政府消费支出	
				其他服务业	中间使用合计	农村居民	城镇居民	小计		
	代码		代码	8	TIU	FU101	FU102	THC	FU103	TC
中间投入	—	农林牧渔产品和服务	1	1103243	652497635	80368698	125492146	205860844	6076074	211936919
		采掘业	2	1630571	774519692	992966	638967	1631933	0	1631933
		制造业	3	510563835	6751727076	182846477	625735828	808582305	0	808582305
		建筑业	4	22059655	86611543	0	0	0	0	0
		运输邮电业	5	68704855	488747012	12400802	51950798	64351600	19730148	84081748
		批零、住宿、餐饮业	6	105632497	545080437	46133907	196291989	242425896	0	242425896
		金融保险业	7	116160308	485726113	129485601	533029653	662515254	706011711	1368526965
		其他服务业	8	366603149	1349085729	452228452	1533139381	1985367833	731817933	2717185766
		中间投入合计	TII	1087297804	10648269125					
增加值		劳动者报酬	VA001	658303957	2641340939					
		生产税净额	VA002	89298131	736062253					
		固定资产折旧	VA003	281646209	716819825					
		营业盈余	VA004	200046812	1273778692					
		增加值合计	TVA	1229295110	5368001709					
		总投入	TI	2316592914	16016270834					

续表

投入\产出	代码	最终使用					进口	其他	总产出
		资本形成总额		合计 GCF	出口 EX	最终使用合计 TFU	IM	ERR	GO
		固定资本形成总额 FU201	存货增加 FU202						
	代码	—							
农林牧渔产品和服务	1	30944274	35981553	66925827	7816221	286678967	51186807	6223678	894213473
采掘业	2	0	6175684	6175684	4661989	12469606	248969888	-2038441	535980969
制造业	3	806806733	52476104	859282837	1101169392	2769034534	812800847	10691729	8718652492
建筑业	4	1289122578	0	1289122578	7730236	1296852814	2284307	4945821	1386125872
运输邮电业	5	19236982	2999268	22236250	56946262	163264260	32662159	317451	619666563
批零、住宿、餐饮	6	46661633	8760285	55421919	123386341	421234156	11526917	110622	954898297
金融保险业	7								
其他服务业	8	184733860	0	184733860	64948085	1618208910	60838861	277390	2906733168
中间投入合计	TII	2377750060	106392894	2483899954	1366658526	6567743246	1220269787	20528250	16016270834
劳动者报酬	VA001								
生产税净额	VA002								
固定资产折旧	VA003								
营业盈余	VA004								
增加值合计	TVA								
总投入	TI								

附录3 2012年中国宏观SAM（35×35）

单位：亿元

			生产								国民收入和支出			
			产业部门								收入的形成			收入初次分配
		代码	农业	采掘业	制造业	建筑业	运输邮电业	批零、住宿、餐饮	金融保险业	其他服务业	劳动者报酬	生产税净额	总营业盈余	非金融企业
			1	2	3	4	5	6	7	8	9	10	11	12
生产	产业部门	农业 1	8507	175	40917	566	514	4280	0	842	9	10	11	12
		采掘业 2	57	5739	73483	2491	266	177	1	642	0	0	0	0
		制造业 3	12181	18562	450811	77967	14074	20335	2444	54313	0	0	0	0
		建筑业 4	15	52	234	1389	177	327	54	2226	0	0	0	0
		运输邮电业 5	952	2108	16828	9971	2964	6523	894	4957	0	0	0	0
		批零、住宿、餐饮 6	2029	2313	37402	8494	2061	6503	3226	21052	0	0	0	0
		金融保险业 7	714	1149	15651	1699	3049	4789	3661	7046	0	0	0	0
		其他服务业 8	1701	2118	26228	6091	2492	13787	6227	23935	0	0	0	0
	收入的形成	劳动者报酬 9	47315	11584	72196	20536	8508	18219	8941	65762	0	0	0	0
		生产税净额 10	58	4136	33102	3406	2031	10462	2650	7041	0	0	0	0
		总营业盈余 11	1763	10892	75296	10413	14092	27801	15273	47855	0	0	0	0
国民收入和支出	收入初次分配	非金融机构部门 12	0	0	0	0	0	0	0	0	101540	48320	150373	31446
		政府部门 13	0	0	0	0	0	0	0	0	4096	4195	20157	18491
		住户部门 14	0	0	0	0	0	0	0	0	25262	2079	23356	63182
		非金融企业 15	0	0	0	0	0	0	0	0	122163	8292	9499	112671
	收入再分配	非金融机构部门 16	0	0	0	0	0	0	0	0	0	0	0	119042
		金融机构部门 17	0	0	0	0	0	0	0	0	0	0	0	0

续表

		代码	收入初次分配				国民收入再分配 收入				消费支出			投资与金融	
			金融机构部门	政府部门	住户部门	非金融企业	金融机构部门	政府部门	住户部门	农村居民消费	城镇居民消费	政府消费	库存增加	固定资本形成总额
			13	14	15	16	17	18	19	20	21	22	23	24
生产部门	农业	1	0	0	0	0	0	0	0	7883	12441	506	318	292
	采掘业	2	0	0	0	0	0	0	0	85	101	0	11	37
	制造业	3	0	0	0	0	0	0	0	11650	53094	0	9742	76019
	建筑业	4	0	0	0	0	0	0	0	0	1515	0	0	137215
	运输邮电业	5	0	0	0	0	0	0	0	956	4215	2648	52	432
	批零、住宿、餐饮	6	0	0	0	0	0	0	0	5855	24002	0	249	3829
	金融保险业	7	0	0	0	0	0	0	0	866	5712	323	0	0
	其他服务业	8	0	0	0	0	0	0	0	11032	53890	62825	0	25325
收入的形成	劳动者报酬	9	0	0	0	0	0	0	0	0	0	0	0	0
	生产税净额	10	0	0	0	0	0	0	0	0	0	0	0	0
	总营业盈余	11	0	0	0	0	0	0	0	0	0	0	0	0
收入初次分配	非金融企业	12	13305	3818	588		0	0	0	0	0	0	0	0
	金融机构部门	13	16459	5117	797	727	0	0	0	0	0	0	0	0
	政府部门	14	6913	2958	8397	816	0	0	0	0	0	0	0	0
	住户部门	15	13433	28311	122485	0	0	0	0	0	0	0	0	0
收入再分配	非金融企业	16	0	0	0	727	436	180	244	0	0	0	0	0
	金融机构部门	17	18775	0	0	816	490	202	274	0	0	0	0	0

续表

			投资与金融							国外				
			资本形成		金融项目				经常项目	收入变动	资本交易	统计误差	合计
		代码	非产出资产	资本转移	非金融企业	金融机构部门	政府部门	住户部门	国际储备	货物和服务净出口				
			25	26	27	28	29	30	31	32	33	34	35	36
生产部门	农业	1	0	0	0	0	0	0	0	−1462	0	0	−487	75292
	采掘业	2	0	0	0	0	0	0	0	−23877	0	0	−385	58828
	制造业	3	0	0	0	0	0	0	0	45654	0	0	−4698	842148
	建筑业	4	0	0	0	0	0	0	0	543	0	0	−724	143023
	运输邮电业	5	0	0	0	0	0	0	0	−2956	0	0	−316	50228
	批零、住宿、餐饮	6	0	0	0	0	0	0	0	−3285	0	0	−527	113203
	金融保险业	7	0	0	0	0	0	0	0	−1093	0	0	−195	43371
	其他服务业	8	0	0	0	0	0	0	0	1118	0	0	−1098	235671
国民收入和支出	收入的形成													
	劳动者报酬	9	0	0	0	0	0	0	0	0	0	0	0	253061
	生产税净额	10	0	0	0	0	0	0	0	0	0	0	0	62886
	总营业盈余	11	0	0	0	0	0	0	0	0	0	0	0	203385
	收入初次分配													
	非金融企业	12	0	0	0	0	0	0	0	0	4986	0	0	354376
	金融机构部门	13	0	0	0	0	0	0	0	0	143	0	0	69455
	政府部门	14	0	0	0	0	0	0	0	0	978	0	0	133125
	住户部门	15	0	0	0	0	0	0	0	0	1410	0	0	418264
	收入再分配													
	非金融企业	16	0	0	0	0	0	0	0	0	461	0	0	121090
	金融机构部门	17	0	0	0	0	0	0	0	0	517	0	0	21074

续表

				代码	生产 产业部门								国民收入和支出 国民收入的形成			收入初次分配
					农业	采掘业	制造业	建筑业	运输邮电业	批零、住宿、餐饮	金融保险业	其他服务业	劳动者报酬	生产税净额	总营业盈余	非金融企业
					1	2	3	4	5	6	7	8	9	10	11	12
国民收入和支出	收入再分配		政府部门	18	0	0	0	0	0	0	0	0	0	0	0	0
			住户部门	19	0	0	0	0	0	0	0	0	0	0	0	0
	消费支出		农村居民消费	20	0	0	0	0	0	0	0	0	0	0	0	0
			城镇居民消费	21	0	0	0	0	0	0	0	0	0	0	0	0
			政府消费	22	0	0	0	0	0	0	0	0	0	0	0	0
	资本形成		库存增加	23	0	0	0	0	0	0	0	0	0	0	0	0
			固定资本形成总额	24	0	0	0	0	0	0	0	0	0	0	0	0
			非产出资产	25	0	0	0	0	0	0	0	0	0	0	0	0
			资本转移	26	0	0	0	0	0	0	0	0	0	0	0	0
	投资与金融	金融项目	非金融企业	27	0	0	0	0	0	0	0	0	0	0	0	0
			非金融机构部门	28	0	0	0	0	0	0	0	0	0	0	0	0
			政府部门	29	0	0	0	0	0	0	0	0	0	0	0	0
			住户部门	30	0	0	0	0	0	0	0	0	0	0	0	0
	国际储备			31	0	0	0	0	0	0	0	0	0	0	0	0
国外	经常项目		货物和服务净出口	32	0	0	0	0	0	0	0	0	0	0	0	0
			收入变动	33	0	0	0	0	0	0	0	0	0	0	0	9544
	资本		资本交易	34	0	0	0	0	0	0	0	0	0	0	0	0
			统计误差	35	0	0	0	0	0	0	0	0	0	0	0	0
合计				36	75292	58828	842148	143023	50228	113203	43371	235671	253061	62886	203385	354376

— 185 —

续表

			代码	收入初次分配			国民收入和支出				消费支出			投资与金融	
							收入再分配							资本形成	
				金融机构部门	政府部门	住户部门	非金融企业	金融机构部门	政府部门	住户部门	农村居民消费	城镇居民消费	政府消费	库存增加	固定资本形成总额
				13	14	15	16	17	18	19	20	21	22	23	24
国民收入和支出	收入再分配	政府部门	18	0	92910	0	20272	5081	9034	14753	0	0	0	0	0
		住户部门	19	0	0	285942	1847	936	50338	524	0	0	0	0	0
	消费支出	农村居民消费	20	0	0	0	0	0	0	38327	0	0	0	0	0
		城镇居民消费	21	0	0	0	0	0	0	154970	0	0	0	0	0
		政府消费	22	0	0	0	0	0	66302	0	0	0	0	0	0
	资本形成	库存增加	23	0	0	0	0	0	0	0	0	0	0	0	0
		固定资本形成总额	24	0	0	0	0	0	0	0	0	0	0	0	0
		非产出资产转移	25	0	0	0	0	0	0	0	0	0	0	0	0
		资本转移	26	0	0	0	0	0	0	0	0	0	0	0	0
投资与金融	金融项目	非金融企业	27	0	0	0	96359	0	0	0	0	0	0	0	0
		金融机构部门	28	0	0	0	0	13489	0	0	0	0	0	0	0
		政府部门	29	0	0	0	0	0	16317	0	0	0	0	0	0
		住户部门	30	0	0	0	0	0	0	131124	0	0	0	0	0
国外	国际储备		31	0	0	0	0	0	0	0	0	0	0	0	0
	经常项目	货物和服务净出口	32	0	0	0	0	0	0	0	0	0	0	0	0
		收入变动	33	570	11	55	1069	642	265	359	0	0	0	0	0
	资本项目	资本交易	34	0	0	0	0	0	0	0	0	0	0	0	0
		统计误差	35	0	0	0	0	0	0	0	0	0	0	0	0
合计			36	69455	133125	418264	121090	21074	142638	340575	38327	154970	66302	10372	243149

续表

			投资与金融							国外				
			资本形成		金融项目				经常项目		资本			合计
			非产出资产	资本转移	非金融企业	金融机构部门	政府部门	住户部门	国际储备	货物和服务净出口	收入变动	资本交易	统计误差	
		代码	25	26	27	28	29	30	31	32	33	34	35	36
国民收入和支出	收入再分配	政府部门	0	0	0	0	0	0	0	0	588	0	0	142638
		住户部门	0	0	0	0	0	0	0	0	988	0	0	340575
	消费支出	农村居民消费	0	0	0	0	0	0	0	0	0	0	0	38327
		城镇居民消费	0	0	0	0	0	0	0	0	0	0	0	154970
		政府消费	0	0	0	0	0	0	0	0	0	0	0	66302
资本形成		库存增加	0	0	7313	0	396	2663	0	0	0	0	0	10372
		固定资本形成总额	0	0	158403	298	32891	51557	0	0	0	0	0	243149
		非产出资产	0	0	14932	0	-7757	-7175	0	0	0	284	0	0
		资本转移	0	0	589	0	20591	232	0	0	0	0	0	21696
投资与金融		非金融企业	0	14553	4631	90857	311	8449	0	0	0	8860	-4862	219158
	金融项目	金融机构部门	0	0	29534	79758	713	92517	0	0	0	3216	2106	221333
		政府部门	0	7124	-79	13125	124	11767	0	0	0	-388	-721	47269
		住户部门	0	0	0	25631	0	0	0	0	0	-332	6879	163302
	国际储备		0	0	0	6102	0	0	0	0	0	0	0	6102
国外	经常项目	货物和服务净出口	0	0	0	0	0	0	0	0	0	14642	0	14642
		收入变动	0	0	0	0	0	0	0	0	0	-2444	0	10071
	资本项目	资本交易	0	19	3835	5562	0	3292	6102	0	0	-1066	0	17744
		统计误差	0	0	0	0	0	0	0	0	0	-5028	0	-5028
合计			0	21696	219158	221333	47269	163302	6102	14642	10071	17744	-5028	

附录4　2012年中国SAM细化表（65×65）

单位：亿元

			代码	产品								产业部门		
				农业	采掘业	制造业	建筑业	运输邮电业	批零、住宿、餐饮	金融保险业	其他服务业	农业	采掘业	制造业
				1	2	3	4	5	6	7	8	9	10	11
产品	农业		1	0	0	0	0	0	0	0	0	8507	175	40917
	采掘业		2	0	0	0	0	0	0	0	0	55	6086	77804
	制造业		3	0	0	0	0	0	0	0	0	12184	18215	446490
	建筑业		4	0	0	0	0	0	0	0	0	15	52	234
	运输邮电业		5	0	0	0	0	0	0	0	0	952	2108	16828
	批零、住宿、餐饮		6	0	0	0	0	0	0	0	0	2029	2313	37402
	金融保险业		7	0	0	0	0	0	0	0	0	714	1149	15651
	其他服务业		8	0	0	0	0	0	0	0	0	1701	2118	26228
产业部门	农业		9	75293	0	0	0	0	0	0	0	0	0	0
	采掘业		10	0	58416	412	0	0	0	0	0	0	0	0
	制造业		11	0	3620	838528	0	0	0	0	0	0	0	0
	建筑业		12	0	0	0	143023	0	0	0	0	0	0	0
	运输邮电业		13	0	0	0	0	50228	0	0	0	0	0	0
	批零、住宿、餐饮		14	0	0	0	0	0	113203	0	0	0	0	0
	金融保险业		15	0	0	0	0	0	0	43372	0	0	0	0
	其他服务业		16	0	0	0	0	0	0	0	235670	0	0	0
生产	增加值	劳动者报酬	17	0	0	0	0	0	0	0	0	47315	11584	72196

续表

		代码	生产部门							增加值				国民收入和支出			
			建筑业	运输邮电业	批零、住宿、餐饮	金融保险业	其他服务业			劳动者报酬	生产税净额	总营业盈余		劳动者报酬	生产税净额	利息
			12	13	14	15	16			17	18	19		20	21	22
产品	农 业	1	566	514	4280	0	842			0	0	0		0	0	0
	采掘业	2	2605	275	178	0	653			0	0	0		0	0	22
	制造业	3	77853	14065	20334	2446	54301			0	0	0		0	0	0
	建筑业	4	1389	177	327	54	2226			0	0	0		0	0	0
	运输邮电业	5	9971	2964	6523	894	4957			0	0	0		0	0	0
	批零、住宿、餐饮	6	8494	2061	6503	3226	21052			0	0	0		0	0	0
	金融保险业	7	1699	3049	4789	3661	7046			0	0	0		0	0	0
	其他服务业	8	6091	2492	13787	6227	23935			0	0	0		0	0	0
产业部门	农 业	9	0	0	0	0	0			0	0	0		0	0	0
	采掘业	10	0	0	0	0	0			0	0	0		0	0	0
	制造业	11	0	0	0	0	0			0	0	0		0	0	0
	建筑业	12	0	0	0	0	0			0	0	0		0	0	0
	运输邮电业	13	0	0	0	0	0			0	0	0		0	0	0
	批零、住宿、餐饮	14	0	0	0	0	0			0	0	0		0	0	0
	金融保险业	15	0	0	0	0	0			0	0	0		0	0	0
	其他服务业	16	0	0	0	0	0			0	0	0		0	0	0
增加值	劳动者报酬	17	20536	8508	18219	8941	65762			0	0	0		0	0	0

续表

			代码	红利 23	土地租金 24	其他财产收入 25	收入税 26	社会保险缴款 27	社会保险福利 28	社会补助 29	其他经常转移 30	非金融企业 31	金融机构部门 32	政府部门 33
							收入的形式					承受机构部门		
										国民收入和支出				
生产	产品	农业	1	0	0	0	0	0	0	0	0	0	0	0
		采掘业	2	0	0	0	0	0	0	0	0	0	0	0
		制造业	3	0	0	0	0	0	0	0	0	0	0	0
		建筑业	4	0	0	0	0	0	0	0	0	0	0	0
		运输邮电业	5	0	0	0	0	0	0	0	0	0	0	0
		批零、住宿、餐饮	6	0	0	0	0	0	0	0	0	0	0	0
		金融保险业	7	0	0	0	0	0	0	0	0	0	0	0
		其他服务业	8	0	0	0	0	0	0	0	0	0	0	0
	产业部门	农业	9	0	0	0	0	0	0	0	0	0	0	0
		采掘业	10	0	0	0	0	0	0	0	0	0	0	0
		制造业	11	0	0	0	0	0	0	0	0	0	0	0
		建筑业	12	0	0	0	0	0	0	0	0	0	0	0
		运输邮电业	13	0	0	0	0	0	0	0	0	0	0	0
		批零、住宿、餐饮	14	0	0	0	0	0	0	0	0	0	0	0
		金融保险业	15	0	0	0	0	0	0	0	0	0	0	0
		其他服务业	16	0	0	0	0	0	0	0	0	0	0	0
增加值		劳动者报酬	17	0	0	0	0	0	0	0	0	0	0	0

续表

		代码	国民收入和支出					资本交易		投资与金融	金融交易		
			住户部门	消费支出			库存增加	固定资本形成总额	非产出资产	资本转移	通货	存款	贷款
				农村居民消费	城镇居民消费	政府消费							
			34	35	36	37	38	39	40	41	42	43	44
生产	产品	农 业	0	7883	12441	506	318	292	0	0	0	0	0
		采掘业	0	85	80	0	7	0	0	0	0	0	0
		制造业	0	11651	53115	0	9746	76056	0	0	0	0	0
		建筑业	0	0	1515	0	0	137215	0	0	0	0	0
		运输邮电业	0	956	4215	2648	51	432	0	0	0	0	0
		批零、住宿、餐饮	0	5855	24002	0	249	3829	0	0	0	0	0
		金融保险业	0	866	5712	323	0	0	0	0	0	0	0
		其他服务业	0	11032	53890	62825	0	25325	0	0	0	0	0
	产业部门	农 业	0	0	0	0	0	0	0	0	0	0	0
		采掘业	0	0	0	0	0	0	0	0	0	0	0
		制造业	0	0	0	0	0	0	0	0	0	0	0
		建筑业	0	0	0	0	0	0	0	0	0	0	0
		运输邮电业	0	0	0	0	0	0	0	0	0	0	0
		批零、住宿、餐饮	0	0	0	0	0	0	0	0	0	0	0
		金融保险业	0	0	0	0	0	0	0	0	0	0	0
		其他服务业	0	0	0	0	0	0	0	0	0	0	0
增加值		劳动者报酬	0	0	0	0	0	0	0	0	0	0	0

续表

		代码	投资与金融											
			证券					金融交易					其他（净）	直接投资
				证券投资基金份额	证券公司客户保证金	未贴现的银行承兑汇票	保险准备金	金融机构往来	准备金	库存现金	中央银行贷款		
			45	46	47	48	49	50	51	52	53	54	55
产品	农　业	1	0	0	0	0	0	0	0	0	0	0	55
	采掘业	2	0	0	0	0	0	0	0	0	0	0	0
	制造业	3	0	0	0	0	0	0	0	0	0	0	0
	建筑业	4	0	0	0	0	0	0	0	0	0	0	0
	运输邮电业	5	0	0	0	0	0	0	0	0	0	0	0
	批零、住宿、餐饮	6	0	0	0	0	0	0	0	0	0	0	0
	金融保险业	7	0	0	0	0	0	0	0	0	0	0	0
	其他服务业	8	0	0	0	0	0	0	0	0	0	0	0
生产部门	农　业	9	0	0	0	0	0	0	0	0	0	0	0
	采掘业	10	0	0	0	0	0	0	0	0	0	0	0
	制造业	11	0	0	0	0	0	0	0	0	0	0	0
	建筑业	12	0	0	0	0	0	0	0	0	0	0	0
	运输邮电业	13	0	0	0	0	0	0	0	0	0	0	0
	批零、住宿、餐饮	14	0	0	0	0	0	0	0	0	0	0	0
	金融保险业	15	0	0	0	0	0	0	0	0	0	0	0
	其他服务业	16	0	0	0	0	0	0	0	0	0	0	0
增加值	劳动者报酬	17	0	0	0	0	0	0	0	0	0	0	0

续表

			代码	金融交易		投资与金融机构部门				经常项目		国外		统计误差	总计
				其他对外债权债务	国际储备	非金融企业	金融机构部门	政府部门	住户部门	货物和服务	收入变动	资本资本交易			
				56	57	58	59	60	61	62	63	64		65	66
生产	产品	农业	1	0	0	0	0	0	0	2218	0	0		-486	78973
		采掘业	2	0	0	0	0	0	0	2392	0	0		-411	89809
		制造业	3	0	0	0	0	0	0	125328	0	0		-4674	917110
		建筑业	4	0	0	0	0	0	0	771	0	0		-725	143250
		运输邮电业	5	0	0	0	0	0	0	2571	0	0		-314	55756
		批零、住宿、餐饮	6	0	0	0	0	0	0	3159	0	0		-527	119647
		金融保险业	7	0	0	0	0	0	0	328	0	0		-194	44793
		其他服务业	8	0	0	0	0	0	0	5262	0	0		-1099	239814
	产业部门	农业	9	0	0	0	0	0	0	0	0	0		0	75293
		采掘业	10	0	0	0	0	0	0	0	0	0		0	58828
		制造业	11	0	0	0	0	0	0	0	0	0		0	842148
		建筑业	12	0	0	0	0	0	0	0	0	0		0	143023
		运输邮电业	13	0	0	0	0	0	0	0	0	0		0	50228
		批零、住宿、餐饮	14	0	0	0	0	0	0	0	0	0		0	113203
		金融保险业	15	0	0	0	0	0	0	0	0	0		0	43372
		其他服务业	16	0	0	0	0	0	0	0	0	0		0	235670
增加值		劳动者报酬	17	0	0	0	0	0	0	0	0	0		0	253061

续表

			产品								生产				
													产业部门		
		代码	农业	采掘业	制造业	建筑业	运输邮电业	批零、住宿、餐饮	金融保险业	其他服务业	农业	采掘业	制造业
			1	2	3	4	5	6	7	8	9	10	11
增加值	生产税净额	18	0	0	0	0	0	0	0	0	58	4136	33102
	总营业盈余	19	0	0	0	0	0	0	0	0	1763	10892	75296
	劳动者报酬	20	0	0	0	0	0	0	0	0	0	0	0
收入的形式	生产税净额	21	0	0	0	0	0	0	0	0	0	0	0
	利息	22	0	0	0	0	0	0	0	0	0	0	0
	红利	23	0	0	0	0	0	0	0	0	0	0	0
	土地租金	24	0	0	0	0	0	0	0	0	0	0	0
	其他财产收入	25	0	0	0	0	0	0	0	0	0	0	0
	收入税	26	0	0	0	0	0	0	0	0	0	0	0
	社会保险缴款	27	0	0	0	0	0	0	0	0	0	0	0
	社会保险福利	28	0	0	0	0	0	0	0	0	0	0	0
	社会补助	29	0	0	0	0	0	0	0	0	0	0	0
	其他经常转移	30	0	0	0	0	0	0	0	0	0	0	0
承受机构部门	非金融企业	31	0	0	0	0	0	0	0	0	0	0	0
	金融机构部门	32	0	0	0	0	0	0	0	0	0	0	0
	政府部门	33	0	0	0	0	0	0	0	0	0	0	0
	住户部门	34	0	0	0	0	0	0	0	0	0	0	0
消费支出	农村居民消费	35	0	0	0	0	0	0	0	0	0	0	0
	城镇居民消费	36	0	0	0	0	0	0	0	0	0	0	0

续表

		代码	生产部门					增加值			国民收入和支出			
			建筑业	运输邮电业	批零、住宿、餐饮	金融保险业	其他服务业	劳动者报酬	生产税净额	总营业盈余	收入的形式			
											劳动者报酬	生产税净额	利息
			12	13	14	15	16	17	18	19	20	21	22
增加值	生产税净额	18	3406	2031	10462	2650	7041						
	总营业盈余	19	10413	14092	27801	15273	47855						
	劳动者报酬	20	0	0	0	0	0						
	生产税净额	21	0	0	0	0	0						
收入的形式	利息	22	0	0	0	0	0						
	红利	23	0	0	0	0	0						
	土地租金	24	0	0	0	0	0						
	其他财产收入	25	0	0	0	0	0						
	收入税	26	0	0	0	0	0						
	社会保险缴款	27	0	0	0	0	0						
	社会保险福利	28	0	0	0	0	0						
	社会补助	29	0	0	0	0	0						
	其他经常转移	30	0	0	0	0	0						
承受机构部门	非金融企业	31	0	0	0	0	0	101540	48320	150373	0	0	29755
	金融机构部门	32	0	0	0	0	0	4096	4195	20157	0	0	40315
	政府部门	33	0	0	0	0	0	25262	2079	23356	0	62887	4082
	住户部门	34	0	0	0	0	0	122163	8292	9499	254026	0	19094
消费支出	农村居民消费	35	0	0	0	0	0	0	0	0	0	0	0
	城镇居民消费	36	0	0	0	0	0	0	0	0	0	0	0

续表

		代码	收入的形式				国民收入和支出				承受机构部门		
			红利	土地租金	其他财产收入	收入税	社会保险缴款	社会保险福利	社会补助	其他经常转移	非金融企业	金融机构部门	政府部门
			23	24	25	26	27	28	29	30	31	32	33
增加值	生产税净额	18	0	0	0	0	0	0	0	0	0	0	33
	总营业盈余	19	0	0	0	0	0	0	0	0	0	0	0
收入的形式	劳动者报酬	20	0	0	0	0	0	0	0	0	101540	4096	25262
	生产税净额	21	0	0	0	0	0	0	0	0	48320	4195	2080
	利息	22	0	0	0	0	0	0	0	0	41570	37998	11834
	红利	23	0	0	0	0	0	0	0	0	32851	1964	0
	土地租金	24	0	0	0	0	0	0	0	0	8663	0	0
	其他财产收入	25	0	0	0	0	0	0	0	0	2391	2427	1040
	收入税	26	0	0	0	0	0	0	0	0	19346	4525	0
	社会保险缴款	27	0	0	0	0	21642	0	0	0	0	0	8804
	社会保险福利	28	0	0	0	0	0	0	0	0	0	0	33327
	社会补助	29	0	0	0	0	0	0	0	0	289	0	16624
	其他经常转移	30	0	0	0	0	0	0	0	0	5096	3062	1264
承受机构部门	非金融企业	31	24150	0	237	0	0	0	0	2051	0	0	0
	金融机构部门	32	692	0	0	0	0	0	0	2300	0	0	0
	政府部门	33	4740	8688	2033	25475	0	0	0	2611	0	0	0
	住户部门	34	1603	0	3588	0	0	33327	16913	4393	0	0	0
消费支出	农村居民消费	35	0	0	0	0	0	0	0	0	0	0	0
	城镇居民消费	36	0	0	0	0	0	0	0	0	0	0	0

续表

			国民收入和支出				投资与金融					
				消费支出			资本交易			金融交易		
		代码	住户部门	农村居民消费	城镇居民消费	政府消费	库存增加	固定资本形成总额	非产出资产	资本转移	通货	存款	贷款
			34	35	36	37	38	39	40	41	42	43	44
增加值	生产税净额	18	0										
	总营业盈余	19	0										
收入的形式	劳动者报酬	20	122162	0	0	0	0	0	0	0	0	0	0
	生产税净额	21	8292	0	0	0	0	0	0	0	0	0	0
	利息	22	1844	0	0	0	0	0	0	0	0	0	0
	红利	23	0	0	0	0	0	0	0	0	0	0	0
	土地租金	24	25	0	0	0	0	0	0	0	0	0	0
	其他财产收入	25	0	0	0	0	0	0	0	0	0	0	0
	收入税	26	1604	0	0	0	0	0	0	0	0	0	0
	社会保险缴款	27	12838	0	0	0	0	0	0	0	0	0	0
	社会保险福利	28	0	0	0	0	0	0	0	0	0	0	0
	社会补助	29	0	0	0	0	0	0	0	0	0	0	0
	其他经常转移	30	1713	0	0	0	0	0	0	0	0	0	0
承受机构部门	非金融企业	31	0	0	0	0	0	0	0	0	0	0	0
	金融机构部门	32	0	0	0	0	0	0	0	0	0	0	0
	政府部门	33	0	0	0	0	0	0	0	0	0	0	0
	住户部门	34	0	0	0	0	0	0	0	0	0	0	0
消费支出	农村居民消费	35	38328	0	0	0	0	0	0	0	0	0	0
	城镇居民消费	36	154970	0	0	0	0	0	0	0	0	0	0

续表

			代码	投资与金融 / 金融交易									
				证券	证券投资基金份额	证券公司客户保证金	未贴现的银行承兑汇票	保险准备金	金融机构往来	准备金	库存现金	中央银行贷款	其他（净）	直接投资
				45	46	47	48	49	50	51	52	53	54	55
增加值		生产税净额	18	0	0	0	0	0	0	0	0	0	0	0
		总营业盈余	19	0	0	0	0	0	0	0	0	0	0	0
		劳动者报酬	20	0	0	0	0	0	0	0	0	0	0	0
国民收入和支出	收入的形式	生产税净额	21	0	0	0	0	0	0	0	0	0	0	0
		利息	22	0	0	0	0	0	0	0	0	0	0	0
		红利	23	0	0	0	0	0	0	0	0	0	0	0
		土地租金	24	0	0	0	0	0	0	0	0	0	0	0
		其他财产收入	25	0	0	0	0	0	0	0	0	0	0	0
		收入税	26	0	0	0	0	0	0	0	0	0	0	0
		社会保险缴款	27	0	0	0	0	0	0	0	0	0	0	0
		社会保险福利	28	0	0	0	0	0	0	0	0	0	0	0
		社会补助	29	0	0	0	0	0	0	0	0	0	0	0
		其他经常转移	30	0	0	0	0	0	0	0	0	0	0	0
	承受机构部门	非金融企业	31	0	0	0	0	0	0	0	0	0	0	0
		金融机构部门	32	0	0	0	0	0	0	0	0	0	0	0
		政府部门	33	0	0	0	0	0	0	0	0	0	0	0
		住户部门	34	0	0	0	0	0	0	0	0	0	0	0
	消费支出	农村居民消费	35	0	0	0	0	0	0	0	0	0	0	0
		城镇居民消费	36	0	0	0	0	0	0	0	0	0	0	0

续表

		代码	金融交易		投资与金融				经常项目			国外		总计
			其他对外债权债务	国际储备	非金融企业	金融机构部门	政府部门	住户部门	货物和服务	收入变动	资本交易	统计误差		
			56	57	58	59	60	61	62	63	64	65		66
增加值	生产税净额	18	0	0	0	0	0	0	0	0	0	0		62886
	总营业盈余	19	0	0	0	0	0	0	0	0	0	0		203385
	劳动者报酬	20	0	0	0	0	0	0	0	1080	0	0		254140
	生产税净额	21	0	0	0	0	0	0	0	0	0	0		62887
收入的形式	利息	22	0	0	0	0	0	0	0	0	0	0		93246
	红利	23	0	0	0	0	0	0	0	9055	0	0		43870
	土地租金	24	0	0	0	0	0	0	0	0	0	0		8688
	其他财产收入	25	0	0	0	0	0	0	0	0	0	0		5858
	收入税	26	0	0	0	0	0	0	0	0	0	0		25475
	社会保险缴款	27	0	0	0	0	0	0	0	0	0	0		21642
	社会保险福利	28	0	0	0	0	0	0	0	0	0	0		33327
	社会补助	29	0	0	0	0	0	0	0	0	0	0		16913
	其他经常转移	30	0	0	0	0	0	0	0	3233	0	0		14368
承受机构部门	非金融企业	31	0	0	0	0	0	0	0	0	0	0		356426
	金融机构部门	32	0	0	0	0	0	0	0	0	0	0		71755
	政府部门	33	0	0	0	0	0	0	0	0	0	0		182855
	住户部门	34	0	0	0	0	0	0	0	0	0	0		472898
消费支出	农村居民消费	35	0	0	0	0	0	0	0	0	0	0		38328
	城镇居民消费	36	0	0	0	0	0	0	0	0	0	0		154970

续表

		代码	产品						生产			产业部门	
			农业	采掘业	制造业	建筑业	运输邮电业	批零、住宿、餐饮	金融保险业	其他服务业	农业	采掘业	制造业
			1	2	3	4	5	6	7	8	9	10	11
投资与金融		37	0	0	0	0	0	0	0	0	0	0	0
	政府消费	38	0	0	0	0	0	0	0	0	0	0	0
	库存增加	39	0	0	0	0	0	0	0	0	0	0	0
	固定资本形成总额	40	0	0	0	0	0	0	0	0	0	0	0
	非产出资产	41	0	0	0	0	0	0	0	0	0	0	0
资本交易	资本转移	42	0	0	0	0	0	0	0	0	0	0	0
	通货	43	0	0	0	0	0	0	0	0	0	0	0
	存款	44	0	0	0	0	0	0	0	0	0	0	0
	贷款	45	0	0	0	0	0	0	0	0	0	0	0
	证券	46	0	0	0	0	0	0	0	0	0	0	0
	证券投资基金份额	47	0	0	0	0	0	0	0	0	0	0	0
金融交易	证券公司客户保证金	48	0	0	0	0	0	0	0	0	0	0	0
	未贴现的银行承兑汇票	49	0	0	0	0	0	0	0	0	0	0	0
	保险准备金	50	0	0	0	0	0	0	0	0	0	0	0
	金融机构往来	51	0	0	0	0	0	0	0	0	0	0	0
	准备金	52	0	0	0	0	0	0	0	0	0	0	0
	库存现金	53	0	0	0	0	0	0	0	0	0	0	0
	中央银行贷款	54	0	0	0	0	0	0	0	0	0	0	0
	其他（净）	55	0	0	0	0	0	0	0	0	0	0	0
	直接投资		0	0	0	0	0	0	0	0	0	0	0

续表

			代码	生产部门						增加值			国民收入和支出 收入的形式		
				建筑业	运输邮电业	批零、住宿、餐饮	金融保险业	其他服务业	劳动者报酬	生产税净额	总营业盈余	劳动者报酬	生产税净额	利息
				12	13	14	15	16	17	18	19	20	21	22
		政府消费	37	0	0	0	0	0	0	0	0	0	0	22
	资本交易	库存增加	38	0	0	0	0	0	0	0	0	0	0	0
		固定资本形成总额	39	0	0	0	0	0	0	0	0	0	0	0
		非产出资产	40	0	0	0	0	0	0	0	0	0	0	0
投资与金融		资本转移	41	0	0	0	0	0	0	0	0	0	0	0
	金融交易	通货	42	0	0	0	0	0	0	0	0	0	0	0
		存款	43	0	0	0	0	0	0	0	0	0	0	0
		贷款	44	0	0	0	0	0	0	0	0	0	0	0
		证券	45	0	0	0	0	0	0	0	0	0	0	0
		证券投资基金份额	46	0	0	0	0	0	0	0	0	0	0	0
		证券公司客户保证金	47	0	0	0	0	0	0	0	0	0	0	0
		未贴现的银行承兑汇票	48	0	0	0	0	0	0	0	0	0	0	0
		保险准备金	49	0	0	0	0	0	0	0	0	0	0	0
		金融机构往来	50	0	0	0	0	0	0	0	0	0	0	0
		准备金	51	0	0	0	0	0	0	0	0	0	0	0
		库存现金	52	0	0	0	0	0	0	0	0	0	0	0
		中央银行贷款	53	0	0	0	0	0	0	0	0	0	0	0
		其他（净）	54	0	0	0	0	0	0	0	0	0	0	0
		直接投资	55	0	0	0	0	0	0	0	0	0	0	0

续表

			代码	国民收入和支出								承受机构部门		
				收入的形式								非金融企业	金融机构部门	政府部门
				红利	土地租金	其他财产收入	收入税	社会保险缴款	社会保险福利	社会补助	其他经常转移			
				23	24	25	26	27	28	29	30	31	32	33
投资与金融	资本交易	政府消费	37	0	0	0	0	0	0	0	0	0	0	66302
		库存增加	38	0	0	0	0	0	0	0	0	0	0	0
		固定资本形成总额	39	0	0	0	0	0	0	0	0	0	0	0
		非产出资产	40	0	0	0	0	0	0	0	0	0	0	0
		资本转移	41	0	0	0	0	0	0	0	0	0	0	0
	金融交易	通货	42	0	0	0	0	0	0	0	0	0	0	0
		存款	43	0	0	0	0	0	0	0	0	0	0	0
		贷款	44	0	0	0	0	0	0	0	0	0	0	0
		证券	45	0	0	0	0	0	0	0	0	0	0	0
		证券投资基金份额	46	0	0	0	0	0	0	0	0	0	0	0
		证券公司客户保证金	47	0	0	0	0	0	0	0	0	0	0	0
		未贴现的银行承兑汇票	48	0	0	0	0	0	0	0	0	0	0	0
		保险准备金	49	0	0	0	0	0	0	0	0	0	0	0
		金融机构往来	50	0	0	0	0	0	0	0	0	0	0	0
		准备金	51	0	0	0	0	0	0	0	0	0	0	0
		库存现金	52	0	0	0	0	0	0	0	0	0	0	0
		中央银行贷款	53	0	0	0	0	0	0	0	0	0	0	0
		其他(净)	54	0	0	0	0	0	0	0	0	0	0	0

续表

		代码	国民收入和支出							投资与金融				
			住户部门	消费支出			资本交易					金融交易		
				农村居民消费	城镇居民消费	政府消费	库存增加	固定资本形成总额	非产出资产	资本转移	通货	存款	贷款
			34	35	36	37	38	39	40	41	42	43	44
	政府消费	37	0	0	0	0	0	0	0	0	0	0	0
	库存增加	38	0	0	0	0	0	0	0	0	0	0	0
资本交易	固定资本形成总额	39	0	0	0	0	0	0	0	0	0	0	0
	非产出资产	40	0	0	0	0	0	0	0	0	0	0	0
	资本转移	41	0	0	0	0	0	0	0	0	0	0	0
投资与金融	通货	42	0	0	0	0	0	0	0	0	0	0	0
	存款	43	0	0	0	0	0	0	0	0	0	0	0
	贷款	44	0	0	0	0	0	0	0	0	0	0	0
	证券	45	0	0	0	0	0	0	0	0	0	0	0
	证券投资基金份额	46	0	0	0	0	0	0	0	0	0	0	0
金融交易	证券公司客户保证金	47	0	0	0	0	0	0	0	0	0	0	0
	未贴现的银行承兑汇票	48	0	0	0	0	0	0	0	0	0	0	0
	保险准备金	49	0	0	0	0	0	0	0	0	0	0	0
	金融机构往来	50	0	0	0	0	0	0	0	0	0	0	0
	准备金	51	0	0	0	0	0	0	0	0	0	0	0
	库存现金	52	0	0	0	0	0	0	0	0	0	0	0
	中央银行贷款	53	0	0	0	0	0	0	0	0	0	0	0
	其他（净）	54	0	0	0	0	0	0	0	0	0	0	0
	直接投资	55	0	0	0	0	0	0	0	0	0	0	0

续表

			投资与金融										
				金融交易									
		代码	证券	证券投资基金份额	证券公司客户保证金	未贴现的银行承兑汇票	保险准备金	金融机构往来	准备金	库存现金	中央银行贷款	其他（净）	直接投资
			45	46	47	48	49	50	51	52	53	54	55
	政府消费	37	0	0	0	0	0	0	0	0	0	0	55
资本交易	库存增加	38	0	0	0	0	0	0	0	0	0	0	0
	固定资本形成总额	39	0	0	0	0	0	0	0	0	0	0	0
	非产出资产	40	0	0	0	0	0	0	0	0	0	0	0
	资本转移	41	0	0	0	0	0	0	0	0	0	0	0
金融交易	通货	42	0	0	0	0	0	0	0	0	0	0	0
	存款	43	0	0	0	0	0	0	0	0	0	0	0
	贷款	44	0	0	0	0	0	0	0	0	0	0	0
	证券	45	0	0	0	0	0	0	0	0	0	0	0
	证券投资基金份额	46	0	0	0	0	0	0	0	0	0	0	0
	证券公司客户保证金	47	0	0	0	0	0	0	0	0	0	0	0
	未贴现的银行承兑汇票	48	0	0	0	0	0	0	0	0	0	0	0
	保险准备金	49	0	0	0	0	0	0	0	0	0	0	0
	金融机构往来	50	0	0	0	0	0	0	0	0	0	0	0
	准备金	51	0	0	0	0	0	0	0	0	0	0	0
	库存现金	52	0	0	0	0	0	0	0	0	0	0	0
	中央银行贷款	53	0	0	0	0	0	0	0	0	0	0	0
	其他（净）	54	0	0	0	0	0	0	0	0	0	0	0
	直接投资	55	0	0	0	0	0	0	0	0	0	0	0

续表

		代码	金融交易		投资与金融机构部门				经常项目		国外	统计误差	总计
			其他对外债权债务	国际储备	非金融企业	金融机构部门	政府部门	住户部门	货物和服务	收入变动	资本资本交易		
			56	57	58	59	60	61	62	63	64	65	66
	政府消费	37	0	0	0	0	0	0	0	0	0	65	66
	库存增加	38	0	0	7314	0	395	2662	0	0	0	0	66302
	固定资本形成总额	39	0	0	158403	298	32891	51557	0	0	0	0	10371
资本交易	非产出资产	40	0	0	14932	0	-7757	-7175	0	0	0	0	243149
	资本转移	41	0	0	589	0	20590	232	0	0	284	0	21695
	通货	42	0	0	28	47	68	3378	0	0	389	0	3910
	存款	43	0	0	27500	34255	0	57100	0	0	-4141	0	114714
	贷款	44	0	0	0	82000	0	0	0	0	-1062	0	80938
	证券	45	0	0	-51	37943	406	11022	0	0	334	0	49654
	证券投资基金份额	46	0	0	142	389	771	1372	0	0	-18	0	2656
	证券公司客户保证金	47	0	0	-659	-587	-65	-4152	0	0	-18	0	-5481
金融交易	未贴现的银行承兑汇票	48	0	0	2753	17275	0	0	0	0	0	0	20028
	保险准备金	49	0	0	169	0	0	16063	0	0	0	0	16232
	金融机构往来	50	0	0	0	1502	0	0	0	0	992	0	2494
	准备金	51	0	0	0	37250	0	0	0	0	0	0	37250
	库存现金	52	0	0	0	1105	0	0	0	0	0	0	1105
	中央银行贷款	53	0	0	0	-749	0	0	0	0	0	0	-749
	其他（净）	54	0	0	1447	4264	-30	31242	0	0	0	0	36923
	直接投资	55	0	0	4924	0	0	0	0	0	16014	0	20938

续表

			代码	产品 生产								产业部门 生产		
				农业	采掘业	制造业	建筑业	运输邮电业	批零、住宿、餐饮	金融保险业	其他服务业	农业	采掘业	制造业
				1	2	3	4	5	6	7	8	9	10	11
金融交易		其他对外债权债务	56	0	0	0	0	0	0	0	0	0	0	0
		国际储备	57	0	0	0	0	0	0	0	0	0	0	0
投资与金融	机构部门	非金融企业	58	0	0	0	0	0	0	0	0	0	0	0
		金融机构部门	59	0	0	0	0	0	0	0	0	0	0	0
		政府部门	60	0	0	0	0	0	0	0	0	0	0	0
		住户部门	61	0	0	0	0	0	0	0	0	0	0	0
国外	经常项目	货物和服务	62	3680	277773	78170	227	5528	6444	1421	4144	0	0	0
		收入变动	63	0	0	0	0	0	0	0	0	0	0	0
	资本	资本交易	64	0	0	0	0	0	0	0	0	0	0	0
统计误差			65	0	0	0	0	0	0	0	0	0	0	0
总计			66	78973	89809	917110	143250	55756	119647	44793	239814	75293	58828	842148

续表

			代码	生产部门					增加值 国民收入和支出				收入的形式	
				建筑业	运输邮电业	批零、住宿、餐饮业	金融保险业	其他服务业	劳动者报酬	生产税净额	总营业盈余	劳动者报酬	生产税净额	利息
				12	13	14	15	16	17	18	19	20	21	22
金融交易		其他对外债权债务	56	0	0	0	0	0	0	0	0	0	0	0
		国际储备	57	0	0	0	0	0	0	0	0	0	0	0
	机构部门	非金融企业	58	0	0	0	0	0	0	0	0	0	0	0
投资与金融		金融机构部门	59	0	0	0	0	0	0	0	0	0	0	0
		政府部门	60	0	0	0	0	0	0	0	0	0	0	0
		住户部门	61	0	0	0	0	0	0	0	0	0	0	0
国外	经常项目	货物和服务	62	0	0	0	0	0	0	0	0	0	0	0
		收入变动	63	0	0	0	0	0	0	0	0	114	0	0
	资本项目	资本交易	64	0	0	0	0	0	0	0	0	0	0	0
统计误差			65	0	0	0	0	0	0	0	0	0	0	0
总计			66	143023	50228	113203	43372	235670	253061	62886	203385	254140	62887	93246

续表

		代码	收入的形式								承受机构部门		
			红利	土地租金	其他财产收入	收入税	社会保险缴款	社会保险福利	社会补助	其他经常转移	非金融企业	金融机构部门	政府部门
		代码	23	24	25	26	27	28	29	30	31	32	33
投资与金融	金融交易												
	其他对外债权债务	56	0	0	0	0	0	0	0	0	0	0	0
	国际储备	57	0	0	0	0	0	0	0	0	0	0	0
	非金融企业	58	0	0	0	0	0	0	0	0	96360	0	0
	金融机构部门	59	0	0	0	0	0	0	0	0	0	13488	0
	政府部门	60	0	0	0	0	0	0	0	0	0	0	16318
	住户部门	61	0	0	0	0	0	0	0	0	0	0	0
国外	货物和服务	62	0	0	0	0	0	0	0	0	0	0	0
	经常项目	收入变动	63	12685	0	0	0	0	0	0	3013	0	0	0
	资本	资本交易	64	0	0	0	0	0	0	0	0	0	0	0
	统计误差	65	0	0	0	0	0	0	0	0	0	0	0
	总计	66	43870	8688	5858	25475	21642	33327	16913	14368	356426	71755	182855

续表

		代码	国民收入和支出 - 住户部门	消费支出 - 农村居民消费	消费支出 - 城镇居民消费	消费支出 - 政府消费	资本交易 - 库存增加	资本交易 - 固定资本形成总额	资本交易 - 非产出资产	投资与金融 - 资本转移	金融交易 - 通货	金融交易 - 存款	金融交易 - 贷款
			34	35	36	37	38	39	40	41	42	43	44
金融交易	其他对外债权债务	56	0	0	0	0	0	0	0	0	0	0	44
	国际储备	57	0	0	0	0	0	0	0	0	0	0	0
投资与金融 机构部门	非金融企业	58	0	0	0	0	0	0	0	14553	0	0	49457
	金融机构部门	59	0	0	0	0	0	0	0	0	3910	108100	489
	政府部门	60	0	0	0	0	0	0	0	7123	0	0	1567
	住户部门	61	131122	0	0	0	0	0	0	0	0	0	25300
国外	货物和服务	62	0	0	0	0	0	0	0	0	0	0	0
	经常项目 收入变动	63	0	0	0	0	0	0	0	0	0	0	0
	资本 资本交易	64	0	0	0	0	0	0	0	19	0	6614	4125
统计误差		65	0	0	0	0	0	0	0	0	0	0	0
总计		66	472898	38328	154970	66302	10371	243149	0	21695	3910	114714	80938

续表

		代码	投资与金融 - 金融交易										
			证券	证券投资基金份额	证券公司客户保证金	未贴现的银行承兑汇票	保险准备金	金融机构往来	准备金	库存现金	中央银行贷款	其他（净）	直接投资
			45	46	47	48	49	50	51	52	53	54	55
投资与金融	金融交易 机构部门												
	其他对外债权债务	56	0	0	0	0	0	0	0	0	0	54	55
	国际储备	57	0	0	0	0	0	0	0	0	0	0	0
	非金融企业	58	38065	0	0	13726	0	0	0	0	0	0	16996
	金融机构部门	59	-3538	2656	-5481	6302	7734	3793	37250	1105	-749	36923	0
	政府部门	60	15127	0	0	0	8498	0	0	0	0	0	0
	住户部门	61	0	0	0	0	0	0	0	0	0	0	0
国外	经常项目	货物和服务	62	0	0	0	0	0	0	0	0	0	0	0
		收入变动	63	0	0	0	0	0	-1299	0	0	0	0	0
	资本	资本变动	64	0	0	0	0	0	0	0	0	0	0	3942
统计误差		65	0	0	0	0	0	0	0	0	0	0	0
总计		66	49654	2656	-5481	20028	16232	2494	37250	1105	-749	36923	20938

续表

			金融交易		投资与金融					国外			总计
						机构部门			经常项目		资本交易	统计误差	
		代码	其他对外债权债务	国际储备	非金融企业	金融机构部门	政府部门	住户部门	货物和服务	收入变动			
			56	57	58	59	60	61	62	63	64	65	66
投资与金融	金融交易	其他对外债权债务	0	0	1670	-7247	0	0	0	0	5153	0	-424
		国际储备	-5134	0	0	6102	0	0	0	0	0	0	6102
	机构部门	非金融企业	-241	0	0	0	0	0	0	0	0	-4862	219161
		金融机构部门	-643	0	0	0	0	0	0	0	0	2106	213847
		政府部门	0	0	0	0	0	0	0	0	0	-721	47269
		住户部门	0	0	0	0	0	0	0	0	0	6879	163301
国外	经常项目	货物和服务	0	0	0	0	0	0	0	0	14642	0	142029
		收入变动	5594	0	0	0	0	0	0	0	-2444	0	13368
	资本交易		0	6102	0	0	0	0	0	0	-1066	0	24031
	统计误差		0	0	0	0	0	0	0	0	-5028	0	-5028
总计			-424	6102	219161	213847	47269	163301	142029	13368	24031	-5028	

附录5 宏观统计数据质量调查问卷

亲爱的朋友：

您好！

十分感谢您抽空填写此问卷！本问卷旨在为研究政府宏观统计数据质量提供依据，您的宝贵意见是我们信息的重要来源。

本调查采取匿名方式，回答无所谓对错，问卷仅用于分析研究，保证不会泄露您的任何信息。为了取得准确资料，请您思考后作答，您回答的真实性对于我们研究结果的准确性十分重要。

第一部分 基本资料

在正式回答之前，请您先填写个人背景情况：

1. 您的性别：□ 男　　　　　□ 女

2. 所在学校/学院：　　　　　　　或所在工作单位：

3. 所在年级：□ 本科生　　　□ 研究生　　　□ 社会工作者

第二部分 指标特征

以下是与评价统计数据质量相关的各项指标，请根据您的感受和体会，对它们的重要程度进行评价。请在您认为相应的等级编号用"√"标注。各个数字代表的意思为："5"表示"很好"，"4"表示"较好"，"3"表示"一般"，"2"表示"较差"，"1"表示"很差"。

指标特征描述	很好	较好	一般	较差	很差
1. 准确性：统计部门发布的宏观统计数据与真实值之间的距离	5	4	3	2	1
2. 及时性：时效性	5	4	3	2	1
3. 相关性：统计部门发布的宏观统计数据与所需要的宏观统计数据的相关程度	5	4	3	2	1
4. 完整性：统计部门发布的宏观统计数据是否包括了所需的所有项目	5	4	3	2	1
5. 易操作性：宏观统计统计数据是否简明扼要、少而精	5	4	3	2	1

续表

指标特征描述	很好	较好	一般	较差	很差
6. 可比性：同一宏观统计数据在时间和空间上的可比	5	4	3	2	1
7. 可衔接性：各级统计部门的统计数据的衔接程度	5	4	3	2	1
8. 有效性：使用宏观统计数据的收益是否大于成本	5	4	3	2	1
9. 可取得性：用户从统计部门取得宏观统计数据的便利程度	5	4	3	2	1
10. 客观性：宏观统计数据反映客观实际的程度	5	4	3	2	1
11. 透明性：公开透明情况	5	4	3	2	1
12. 用户满意度：宏观统计数据使用者的满意程度	5	4	3	2	1
13. 可理解性：宏观统计数据便于用户正确理解并使用的程度	5	4	3	2	1
14. 实际性：宏观统计数据运用于实际的情况	5	4	3	2	1
15. 可信度：人们对宏观统计统计数据可以信赖的程度	5	4	3	2	1

再次感谢您的答题！请确认没有漏答题目后再提交给我们，谢谢！

后　记

　　本书是国家社科基金一般项目（立项编号：11BTJ003）的最终研究成果（结项证书号：20182556）。本书的各章作者为：第1~2章，黄明凤（石河子大学经济与管理学院教授）；第3章，党玮、付青叶（重庆工商大学商务策划学院副教授）；第4~5章，党玮；第6章，党玮、陈杰（国家统计局国民经济核算司GDP使用核算处处长）；第7章，党玮、许宪春（原国家统计局副局长，现任清华大学中国经济社会数据研究中心主任）；第8章，党玮。党玮作为课题负责人，主持课题研究，负责全书框架的设计以及文稿的修改、总纂与定稿。此外，硕士研究生龙慧军、廖传勤也参与了课题的研究。

　　本课题的立项与完成得到了全国哲学社会科学工作办公室的大力支持。经专家评审、全国哲学社会科学工作办公室批准，本项成果鉴定等级为良好。在本书出版的过程中，中国财政经济出版社张怡然同志为本书的出版付出了辛勤的劳动，正是由于她的悉心编辑，使得本书得以在短时间内交印出版，在此深表感谢。还要特别感谢兰州交通大学经济管理学院赵延龙院长、人事处齐博副处长、张慧副处长及石河子大学商学院冯光明院长对本书的出版给予的全力支持和帮助。"投我以桃，报之以李"，在这里，向所有为本书问世做出贡献的单位和人士表示最衷心的感谢！

党玮
2018年10月